図解 眠れなくなるほど面白い

神道

究家
渋谷申博
NOBUHIRO SHIBUYA

祭りを行なうのは、
生命力を
更新するため

八百万の神々の中で
一番偉いのは、誰？

神社には、
見どころがいっぱい

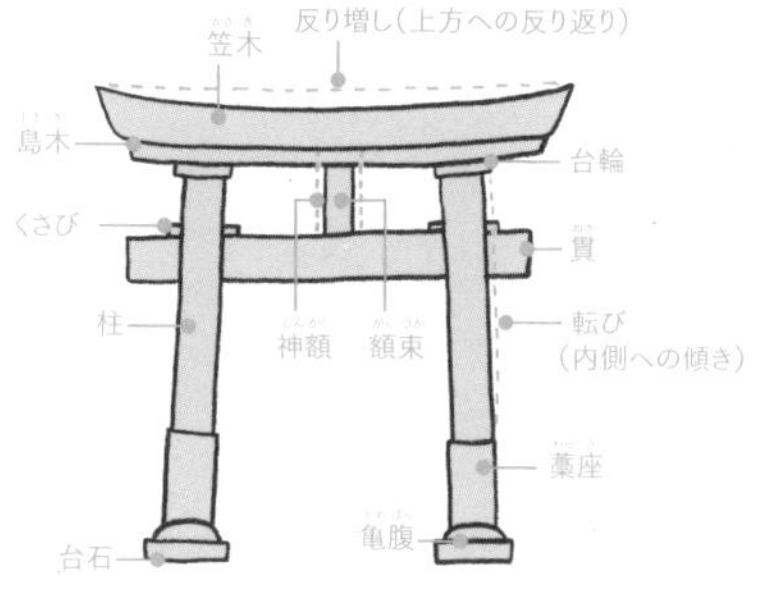

神道には
教義がないって、
本当なの？

日本文芸社

はじめに

気が塞《ふさ》ぐようなことがあったり、心配事があるような時、私は神社をお参りします。ほんの5、6分歩いただけなのに、神社の境内に入ると、俗事からは遠く隔たった場所にいるような気分になれますし、本殿から摂社《せっしゃ》、末社《まっしゃ》とお参りしていくうちに心が静まり、もう一度現実に向かい合う気持ちになれるからです。

こうした神社の精神的な効用を、私は体験を通して知りました。

本文にも書きましたように、神道《しんとう》には仏教やキリスト教のような教典がありません。神話や儀礼などを通して神を敬《うやま》う心を伝えています。

つまり、理屈ではなく、体験であり、感受なのです。

学校では仏教やキリスト教のことは教えるけれど、神道のことはほとんど教えないというのも、これと関係しているかもしれません（仏教やキリスト教が伝来した年号を暗記した覚えがあるかと思いますが、伊勢神宮の創建年代とか祇園祭《ぎおんまつり》の由来などが教えられることはなかったのではないでしょうか）。

わざわざ教えられなくても、伝統的な日本の暮らしをしていれば、神道の精神は伝わっていくのだと思います。

でも、それだけでいいのでしょうか？

伊勢神宮のことを詠んだ古い和歌に「何事のおわしますかは知らねども　かたじけなさに涙こぼるる」というものがあります。

神道の性格をよく表した歌だとは思いますが、御祭神《ごさいじん》のことも知らなくて本当に敬ったことになるでしょうか。

神社とお寺は何が違うのか、お祭《まつ》りは何のために行なうのか、お参りの前に手と口を清めるのはなぜか、どんな神話が伝わっているのか。

そうしたことを知っているかどうかで、祈りの姿勢はだいぶ違ったものになると思います。ちょっと知識を増やすだけで、より神様に近づけるはずです。

神道は古代から伝えられた日本の心ともいうべきものです。その奥深い世界を知るきっかけに本書がなってくれればと考えています。

２０２０年４月　　渋谷申博

『眠れなくなるほど面白い 図解 神道』 目次

第2章 日本の神様 ――神々の素顔と御神徳

第3章 神社の謎——聖地に秘められた伝統の知恵

カバー・本文デザイン　Isshiki（デジカル）
イラスト　平のゆきこ
編集協力　風土文化社（中尾道明）

第1章 神道の不思議

——神事・祭祀の深い意味

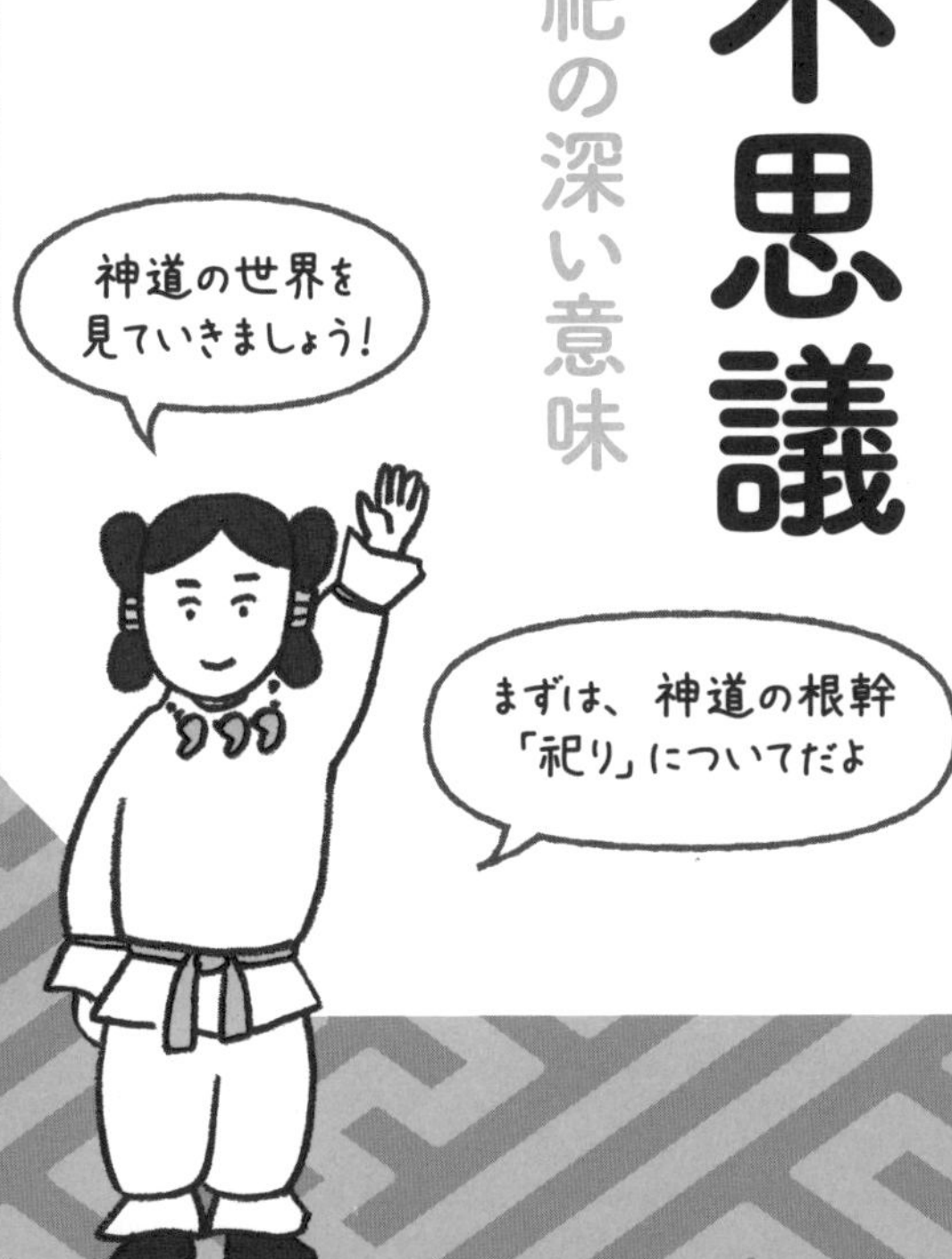
神道の世界を見ていきましょう！
まずは、神道の根幹「祀り」についてだよ

1 「神道とは何か」を説明できないって、本当？

神道は明確な定義ができない

神道《しんとう》は、古代から続く日本固有の信仰です。

なんだ、ちゃんと説明できているじゃないか、と思われるかもしれませんが、実は右の文は「ちゃんとした説明」にはなっていないのです。

たとえば、「古代」とはいつのことをいっているのでしょうか。弥生《やよい》時代でしょうか、縄文《じょうもん》時代でしょうか、それとも日本列島に人が住むようになって以来ということなのでしょうか。

また、「固有」とはどういうことでしょうか。外来の要素をまったく含まないということなのでしょうか。**しかし、神道には外国から来たとされる神**＊**も信仰されています。**

そもそも一口に神道といっても、朝廷で行なわれてきたものと、各地の神社で行なわれてきたもの、庶民の間で信仰されてきたものでは、さまざま点で違いがあります。また、時代によっても大きな変化がありました。

もちろん、時代によって変化したのは神道だけではありません。どの宗教も何らかの変化を経ています。しかし、仏教やキリスト教などは、神道ほど説明に苦労はしません。

仏教やキリスト教には開祖がいるからです。ですから、仏教は「釈迦《しゃか》が説いた教えに基づく宗教」、キリスト教は「神であるイエスが人々に伝えた教えに基づく宗教」といった説明ができます。

しかし、神道には開祖はなく、日本各地で自然発生的に成立したものが、大和朝廷の発展に伴って統合されていったのです。その過程で外来の要素も取り込まれました。

ただ、はっきりしていることは、神道はいつの時代も日本人の心の拠り所となってきた、ということです。

用語解説

＊**外国から来た神**　蕃神（ばんしん）・今来神（いまきのかみ）などという。渡来人が信仰していた神も神道に取り入れられた。アメノヒボコ（23項参照）など。

神道の枠組みは境界があいまい

神道は日本各地で自然発生し、時代が下がるにつれて外来信仰の要素がつけ足され、境界が広がっていった。

2 神道の始まりは、いつ頃のことなの？

古代のことが謎だらけで、よくわかっていない

神道が古代から続く日本人の信仰であることは、誰もが認めることでしょう。

しかし、古代といってもいろんな時代があります。

日本人の信仰なのだから、日本人が日本列島に住むようになった時、というご意見もあるかと思います。

現在の考古学の成果によると、旧石器時代後期*には、日本列島に人が住んでいたことがわかっていますので、この説に従えば、神道の起源も旧石器時代後期以前ということになります。

残念ながら旧石器時代後期の遺物は少なく、当時の人々がどんな精神生活を送っていたのか、詳しいことはわかっていません。 しかし、海外の事例なども考え合わせると、死への恐れや死者への追悼に基づく信仰はあったものと思われます。では、それが神道の起源なのでしょうか。

もしそうだとすると、旧石器時代後期に続く縄文時代の信仰も神道の祖先ということになります。土偶《どぐう》や土面《どめん》、石棒、過剰なまでの装飾が施された土器などが縄文時代の信仰の特徴ですが、これらはわれわれが知る神道とはだいぶ違うように思われます。

問題は縄文時代と弥生時代の間に起こった文化的断絶をどう考えるかです。**弥生時代の信仰には穀物の神霊《しんれい》に対する信仰や、鏡・剣を祭祀具とすることなど、神道との共通点が多く見られます。**

縄文人の信仰は弥生人にも引き継がれて神道に流れ込んでいるのか、縄文文化を駆逐した弥生文化とともに神道が成立したのか。

かつては後者の説が有力でしたが、近年は前者の説も注目されてきています。

用語解説

＊**旧石器時代後期**　新人（ホモ・サピエンス）が打製石器や骨角器を使用して狩猟採集生活をした。北海道から沖縄まで、5000 以上の遺跡が確認されている。

神道発祥の歴史は謎に包まれている

旧石器時代後期

〜約１6000 年前

どんな信仰なのかな？

縄文時代

BC14000 年頃
〜
BC1000 年頃

神様はもとはこんな
格好だったのかな？

〈土偶〉

弥生時代

BC４世紀頃
〜
AD３世紀中頃

稲作の重視など
共通点がある！

〈銅鐸〉

古墳時代

AD3 世紀中頃
〜
AD７世紀中頃

神祭りの原型が
見られるぞ

〈埴輪〉

3 神道には教義がないって、本当なの？

教義はなくても体験で敬神を伝える

第1項でも述べたように、神道には開祖と呼ばれる存在がありません。したがって、開祖の教えを記した聖典はありません。

『古事記《こじき》』『日本書紀《にほんしょき》』＊が聖典に準じるものとして扱われることもありますが、この2書は歴史書として編纂《へんさん》されたものであって、神道の教理などが記されているわけではありません。

仏教やキリスト教は聖典に記された教義を根幹として堅牢な教理体系をつくり出してきましたが、神道は教義が占めるべき核心部分が中空、あるいは不可視となっているのです。

平安末期の歌人の西行《さいぎょう》が伊勢《いせ》神宮で詠んだとされる歌に「何事のおわしますをば知らねどもかたじけなさに涙こぼるる」というものがあります。何が祀《まつ》られているのかわからないけれど、涙が流れるほどありがたいというのです。

正体がわからないものをありがたいと思う心情は、日本人にはごく当たり前な心情ですが、他宗の信徒、とくに一神教の信徒にはわからないことでしょう。

こうした差異は、神道と他宗教とでは信仰のありようが根本的に違うことに由来しています。

仏教やキリスト教は聖典に記された教義を伝え広めることが重視されますが、神道では神道的価値観を伝えることが重視されます。

そして、神道的価値観の伝授に用いられるのが、神話や神社と祭《まつ》り（儀礼）なのです。これらを知り、体験することを通して、神道的価値観が受け継がれてきたのです。

ただ神道的価値観には、地域や時代によって変化があります。けれども、こうした曖昧《あいまい》さが神道の懐の深さを生んでいるという面もあるのです。

用語解説

＊**『古事記』『日本書紀』** この２書に収録された神話が、神道の世界観や価値観を知る上で重要。

教義がないことが神道の特徴

儀礼
神話
聖典はなくても、
神様を敬う心は
伝わるのさ!
え〜
聖典がないの〜

神道には釈迦やイエスのような開祖はなく、開祖の教えを記録した聖典もない。

4

なぜ、祭りを行なう必要があるの？

神様と人間の生命力を更新するため

第10代崇神《すじん》天皇の御代《みよ》のことです。疫病《えきびょう》の大流行が起こり、このままでは国が滅びるのではと思われるほどになったことがありました。心を痛めた天皇が神牀《かむどこ》という神のお告げを受けるための寝台でお眠りになったところ、夢にオオモノヌシ（大物主大神《おおものぬしのおおかみ》）＊が現れ、こう言ったのです。

「この疫病は私が起こしたのだ。オオタタネコという者を探し出して私を祀《まつ》らせれば、疫病は治まり、世は平穏になるであろう」

オオタタネコはオオモノヌシが美女のもとにかよって生ませた男子です。天皇は臣下を派遣して彼を探し出させ、オオモノヌシを祀らせたところ、お告げどおり疫病は治まりました。

この話から神様は人に祀られることを望んでいることがわかります。なぜでしょうか。

神道では実にさまざまな神様が信じられています。その中でも人に祭祀を求めるのは、人との関わりが濃い神様のように思えます。氏神《うじがみ》や産土《うぶすな》神《がみ》、作物や食べ物の神、職業の守り神、火や水の神などです。

これらの神様は人間社会にいろいろな働きかけをしてくれます。それによって人の暮らしは豊かになるのですが、神様も働きかけが続けば、力が衰えるのです。

そこで力を蘇らせるために、採れたての作物や獲物などを供えること（祀り＝祭り）を求めるのです。それによって霊力を復活させ、また人に幸いを与えられるようになるのです。

人間のほうも働き続けでは消耗してしまいます。**祭りに参加して神様から霊力を分け与えていただくことで、生き生きと過ごしていくことができるようになるのです。**

用語解説

＊**オオモノヌシ**　奈良県の三輪山（みわやま）に鎮座する大神神社（おおみわじんじゃ）で祀られている神様。

神も人も祭りを通して生命力を更新する

人間の生命力のサイクル

神道では１日・１月・１年といったサイクルの繰り返しで生命力が更新されると考える。

ケ
ケ（日常生活）の中で、生命力を使う

→

ケガレ
ケが続く中、生命力を失ってケガレ（ケ枯れ）となる

→

ハレ
ハレ（祭り）をして神と交流し、生命力を補充

生命力を更新し、再びケに戻る

5 露店もお神輿もない祭りがあるって、本当？

実は、それらがない祭りのほうが多い

落語の演目「ぞろぞろ」は、前項の神話とは正反対の話です。

とある稲荷《いなり》神社*の前に1軒の茶店がありました。かつては参詣者《さんけいしゃ》が多かった稲荷神社なのですが、最近はすっかりさびれてしまい、茶店にも客が来なくってしまいました。

それでも老夫婦は稲荷様への感謝と信心を忘れず、毎朝境内の掃除をし、お灯明《とうみょう》をあげ、お供え物を供えていました。

そんなある日、大雨が降って道がぬかるんでしまったため、道行く人が次々とその茶店で草鞋《わらじ》を買っていきました。売り切れたと思ったら、ぞろぞろと新しい草鞋が出現して、売っても売っても売り切れることがないのです。

稲荷神《いなりのかみ》が老夫婦の奉仕を喜んで、霊験を現したのでした。

このことが評判となり、稲荷神社は以前に増して参拝者が増え、茶店も繁盛した、という話です。

この老夫婦が日々行なったことも祭りです。**祭りというとお神輿《みこし》や山車《だし》が賑やかに町を練り歩くところや、楽しい露店のことが思い浮かびますが、それらは祭りの余興というべきものです**（神輿や山車の意味は次項参照）。

大切なことは、真心を込めて神様に仕えて、神様を喜ばせることなのです。その上で祭りの意図を伝え、その成就を願うのです。

実は神社でも毎日毎日祭りが行なわれているのです（神主《かんぬし》が常駐しない神社は除く）。**神前《しんぜん》を整えてお供え物を供え、礼拝をしています。**

こうした日々の祭りに加えて豊作を願うなどの特別な祭りが数度あり、神輿の渡御《とぎょ》が行なわれたり、神楽《かぐら》が奉納《ほうのう》されたりするのです。

用語解説

＊**とある稲荷神社**　東京浅草に現存する太郎稲荷神社（台東区入谷）のこととされる。

にぎやかな祭りだけが祭りではない

かんしん
かんしん
こういうこと
こそ神様が
最も喜ぶ
祭りなんだ

「ぞろぞろ」の老夫婦は、日々、祭り（つまり、神様に奉仕して慰霊・感謝・祈願する儀式）を行なっていたのだ。

6 お神輿や山車は神様の乗り物なの？

神輿は文字どおり「神の輿」、山車は役割が変わった

お神輿《みこし》（神輿《しんよ》）とは、神社の御祭神が本殿から別の場所に移動する際に用いる輿《こし》で、神殿風の輿と担《かつ》ぎ棒《ぼう》（轅《ながえ》）で構成されています。

お神輿が初めて使われたのは749（天平勝宝《てんぴょうしょうほう》元）年のことで、今の大分県宇佐《うさ》市にある宇佐神宮の御祭神が東大寺《とうだいじ》の大仏建立を助けるために平城京《へいじょうきょう》まで上京するのに用いたとされます。

先に結論を書いてしまいましたが、**お神輿は神様の乗り物です。文字どおり「神の輿」です。**

日本の神様は本殿にずっと籠《こ》もっているわけではなく、さまざまな折りに移動をします。

例大祭《れいたいさい》などの大きな祭りの時には、見守っている地域を一回りしたり、御旅所《おたびじょ》という仮設の祭場に泊まったりもします。

移動する理由は、神様（神社）によって違うので一概にはいえないのですが、もともと神様は神社に常駐しているのではなく、天上や山の上などから降下してきて祭祀を受けていたことが大きいでしょう。

たとえば、田の神は、季節によって山から里（春）、里から山（秋）へと移動します。

山車《だし》（だんじり・屋台）の起源は2つあるとされます。1つは天皇の即位儀礼の1つ大嘗祭《だいじょうさい》＊で、大嘗宮《だいじょうきゅう》の前に据えられた標山《しるしのやま》、もう1つは869（貞観《ていかん》11）年に京都の神泉苑《しんせんえん》で行なわれた御霊会《ごりょうえ》（24項参照）で立てられた66本の鉾《ほこ》です。

いずれも神霊を宿らせるためのもので、山車も神輿と同様の機能をもっていたことがわかります。

しかし、**山車は美しく飾りつけたり、その上でお囃子《はやし》を演奏したりして、祭りを盛り上げるものに変わっていきました。**

用語解説

＊**大嘗祭**　天皇が即位して最初に行なう新嘗祭（神にその年の収穫物を捧げる神事）のこと。宮中などに大嘗宮を建てて行なう。

お神輿や山車には神霊が宿っている

祭
祭
神様は乗り物に
乗って町に出て人々と
触れ合うんだ

神様が町を回るのは、
地域を見回るという意
味もある。

7

お供えって、神様が食べるものだけなの？

食事のほか、布・馬・武器なども

祭りの時に拝殿の中を覗いてみると、お供えがいっぱい並んでいるのが見られます（お供えされるのは拝殿内とは限りませんが）。

お供えの仕方は神社によって異なり、束ねた大根や白菜、米俵などがどんと置いてあることもあれば、おいしそうに調理されたものが供えられていることもあります。穀物や木の実などを芸術品のように組み合わせるところもあります。

神様のお食事として供えられたものは神饌《しんせん》といいます。このうち調理をしたものを熟饌《じゅくせん》、素材のままのものを素饌《そせん》と呼びます。

岡山市の吉備津《きびつ》神社で春秋に行なわれる七十五膳据《しちじゅうごぜんすえ》神事では、神前に料理を盛ったお膳が75も並べられます。このほかにも京都市の上賀《かみが》茂《も》・下鴨《しもがも》神社や千葉県香取《かとり》市の香取神宮など、工夫を凝らした料理を供える神社があります。

神前にはさまざまな収穫物が供えられます。なかでも重視されるのがお米です。とくに、その年の最初に採れたお米（稲穂）を初穂《はつほ》と呼び、神様に供えるものとされてきました。

神社に金銭を奉納する時に「初穂料」と書くのは、初穂を納める代わりにお金を奉納するということです。また、そのお米からつくられる酒（日本酒）も重視されています。

お米に限らず、初めて採れたものは、まず神様にお供えするものとされてきました。

しかし、神様に供えられるものは食べ物ばかりではありません。お供えのことを幣帛《へいはく》ということがありますが、幣も帛も布を意味する漢字で、かつては布も重要なお供えだったことがわかります。ほかに生きた馬＊、武具、美術工芸品、土地なども奉納されました。

用語解説

＊**馬を奉納**　雨乞いや長雨を止める祈願の際、馬が奉納されることが多かった。

供物台には神様の好物がどっさり！

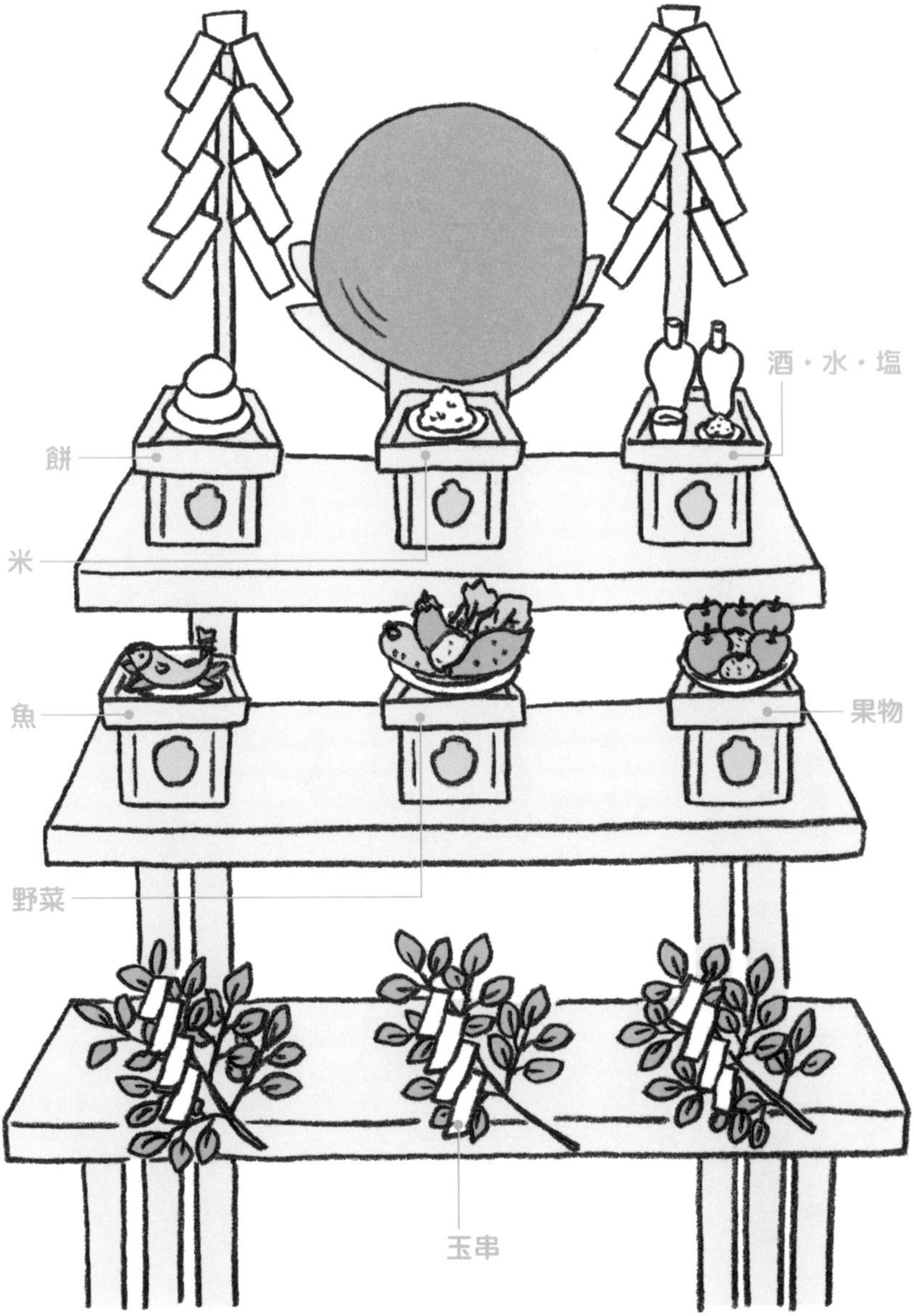

神職が作法に従って供える！

お供えの仕方は神社によって異なる

8 玉も串もない玉串って、何？

神話にルーツがある象徴的な奉納物

正式参拝＊をしたことがある方はご存じだと思いますが、拝殿でちゃんと参拝する時には、玉串《たまぐし》というものを神前に捧げます。

しかし、玉串には玉も串もついていません。なぜ玉串と呼ぶのでしょうか。

まず、玉串の形を確認しておきましょう。

玉串は榊《さかき》の枝に木綿《ゆう》（楮《こうぞ》の皮でつくった布、または麻の糸）や段々になるように切れ目を入れて折った白紙（紙垂《しで》といいます）がつけられたものをいいます。

玉串の起源は、アマテラス（天照大御神《あまてらすおおみかみ》）が天岩戸《あめのいわと》（28項参照）に隠れ、この世がまっ暗になってしまった時に遡《さかのぼ》るとされます。

困った神々は天岩戸の前で祭りを行ない、アマテラスを誘い出そうとしました。この時に榊の木に木綿《もめん》糸などを吊るしたものが用いられたのですが、これが玉串の原形だというのです。

玉串と呼ぶのは、かつては玉がついていたからとも、手向《たむけ》串から転じたともいいます。

神職が参拝者のお祓《はら》いをする時、似たようなものを手にしています。これは御幣《ごへい》、または大麻《おおぬさ》と呼ばれるものです。御幣は木または竹の棒（串）に紙垂をはさんだもの、大麻は六角や八角の棒に紙垂や麻糸をつけたものです。

これらももとは捧げ物で、御幣は布を神前に供える時に串にはさんで置いたことに始まります。それが紙で代用され、お祓いに用いるようになったのです。

お供え物をすべて神前に置けるわけではありませんので、概要は神職に祝詞《のりと》で述べていただき、奉納者は玉串を納めることでそれらすべての象徴とするのです。

用語解説

＊**正式参拝**　拝殿に上がり、神職に祝詞を奏上してもらって行なう参拝法。原則として正装で参列する。拝殿前で拝礼するだけの参拝法は略式参拝。

神道でよく用いられる祭具

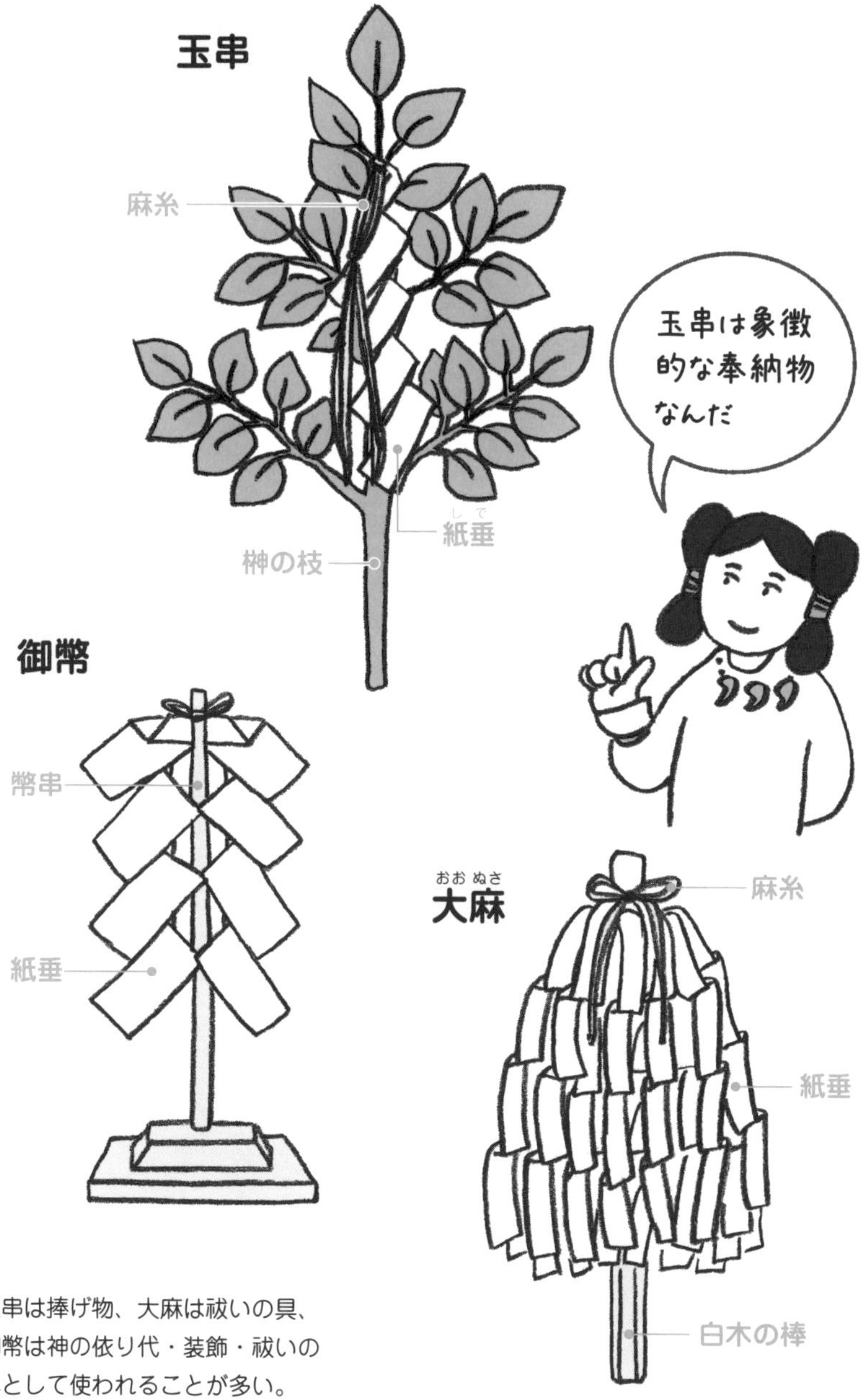

玉串は捧げ物、大麻は祓いの具、御幣は神の依り代・装飾・祓いの具として使われることが多い。

9 子どもに関わる儀礼が多いのは、なぜ？

かつては子どもの死亡率が高かったから

人生の節目節目に行なわれる儀礼のことを、人生儀礼といいます。

地域や時代によって変化があるのですが、主なものをあげると、誕生祝い、お七夜《しちや》、初宮詣《はつみやもう》で、初節句《はつぜっく》、七五三、十三参り、成人式、結婚式、安産・子育て祈願、還暦、年祝い（古稀《こき》・喜寿《きじゅ》・傘寿《さんじゅ》・半《はん》寿《じゅ》・米寿《べいじゅ》・卒寿《そつじゅ》・白寿《はくじゅ》・上寿《じょうじゅ》など）があります。

こうしてみると、子ども期と老年期に集中していることがわかります。

近代までは平均寿命が短かく、還暦を越えて長生きする人は珍しかったので、長寿は本当に目出《めで》度《た》く思われ、あやかりたいという思いもあって祝われました。

では、子どもの頃はなぜ多いのでしょうか。

七五三は3歳・5歳・7歳の儀礼なので、これを3度とカウントすると、十三参りまで10回の儀礼*があることになります。

このように子ども時代に儀礼が多いのは、かつては子どもの死亡率が高かったことの反映です。せっかく生まれた子どもが病気や事故で亡くならないように、折あるごとにお参りしたのです。

「7歳までは神のうち」という言葉があります。これは、7歳頃までは魂が肉体にちゃんと定着しておらず、ちょっとしたことで神様の世界に戻ってしまう（死んでしまう）ことを警告するものなのです。

逆にいえば、それだけ神様に近い存在といえるわけで、祭りで稚児《ちご》行列が行なわれるのも、こうした考えによるものといえます。

なお、初宮詣で（初宮参り）は無事出産できたことを神様に感謝するお参りですが、氏神《うじがみ》に新しい氏子《うじこ》を紹介する意味もあるとされます。

用語解説

＊ **10回の儀礼**　七五三、十三参り以外は、誕生祝い、命名、お七夜、初宮詣で、お食い初め、初節句（左ページ参照）。

産育祝いのイベントは次から次へとやって来る

誕生祝い

新生児が無事に誕生したことを神様に感謝し、赤飯などをつくってお供えする。

命名

新生児に名前をつける。奉書紙や半紙などに名前を書き、神棚に供えたり、床の間に飾る。

お七夜

生後７日目の夜に近しい人たちが集まって産婦の忌み明けを祝う。同じ日に命名することも多い。

初宮詣で

生後30日頃に新生児を連れて氏神や菩提寺に詣で、地域の一員となったことを報告。

お食い初め

生後100日頃、新生児に初めて食べ物を与える。汁三菜の祝い膳を食べさせる真似をする。

初節句

新生児の初めて迎える節句に、兜《かぶと》や雛《ひな》人形などの縁起物を贈る。

七五三

男子は３・５歳、女子は３・７歳の11月に晴れ着を着せて氏神に参詣し、無事の成長を祈る。

十三参り

13歳の女子が虚空蔵《こくうぞう》菩薩を祀る寺院を参詣する行事とされるが、13歳の男女が社寺詣でをする地域もある。大人の仲間入りをする儀礼。

七五三は男女２度ずつ、十三参りは男女が社寺詣でを行なうものとすれば、１人の子どもが行なう産育儀礼は９回。

10 そもそも日本の神話って、誰がつくったの？

——長い歴史と無数の人たちの語りでつくられた

日本の神話は『古事記』『日本書紀』に記されたものがもっとも古く、まとまっています。

『古事記』はその序文によると、天武《てんむ》天皇の命により稗田阿礼《ひえだのあれ》が暗記していた神話・歴史を、太《おおの》安万侶《やすまろ》が書き記し、712（和銅《わどう》5）年に元明《げんめい》天皇に献上されたものとされます。

一方、『日本書紀』は、720（養老《ようろう》4）年に舎人親王《とねりしんのう》が天武天皇に献上したものです。

では、稗田阿礼や太安万侶、舎人親王などが『古事記』『日本書紀』に書かれている神話をつくったのでしょうか。

いいえ、それは違います。**本としてまとめる際に多少の改変は行なったとは思われますが、創作はしていません。**彼らは当時伝わっていた神話を収集・編纂＊しただけです。

では、神話はいつ、誰によってつくられたのでしょうか。

残念ながら、これについてはわからないと言わなければなりません。神話は長い歴史と無数の人たちの語りを経て形成されたからです。

たとえば、『古事記』『日本書紀』のニニギ（邇《に》邇芸命《にぎのみこと》）やヒコホホデミ（日子穂穂手見命《ひこほほでみのみこと》）といった天皇家の祖先神のことは、天皇家に古くから伝わったものだと考えられます。

しかし、その中の海鼠《なまこ》の口が裂けている理由や、一尋鰐《ひとひろわに》（鮫《さめ》）に「サチモチの神」という名がつけられた由来などは、漁民の間で語られていた神話ではないかと思われます。

このほかにも地名の由来、自然現象を司る神のこと、穀物を実らせる神のことなど、**さまざま場所や人たちの間で成立した神話が混じり合って『古事記』『日本書紀』の神話ができています。**

用語解説

＊**神話を収集・編纂**　『古事記』『日本書紀』は歴史書として編纂されており、神話はその始めの一部分。

『古事記』『日本書紀』神話の成り立ち

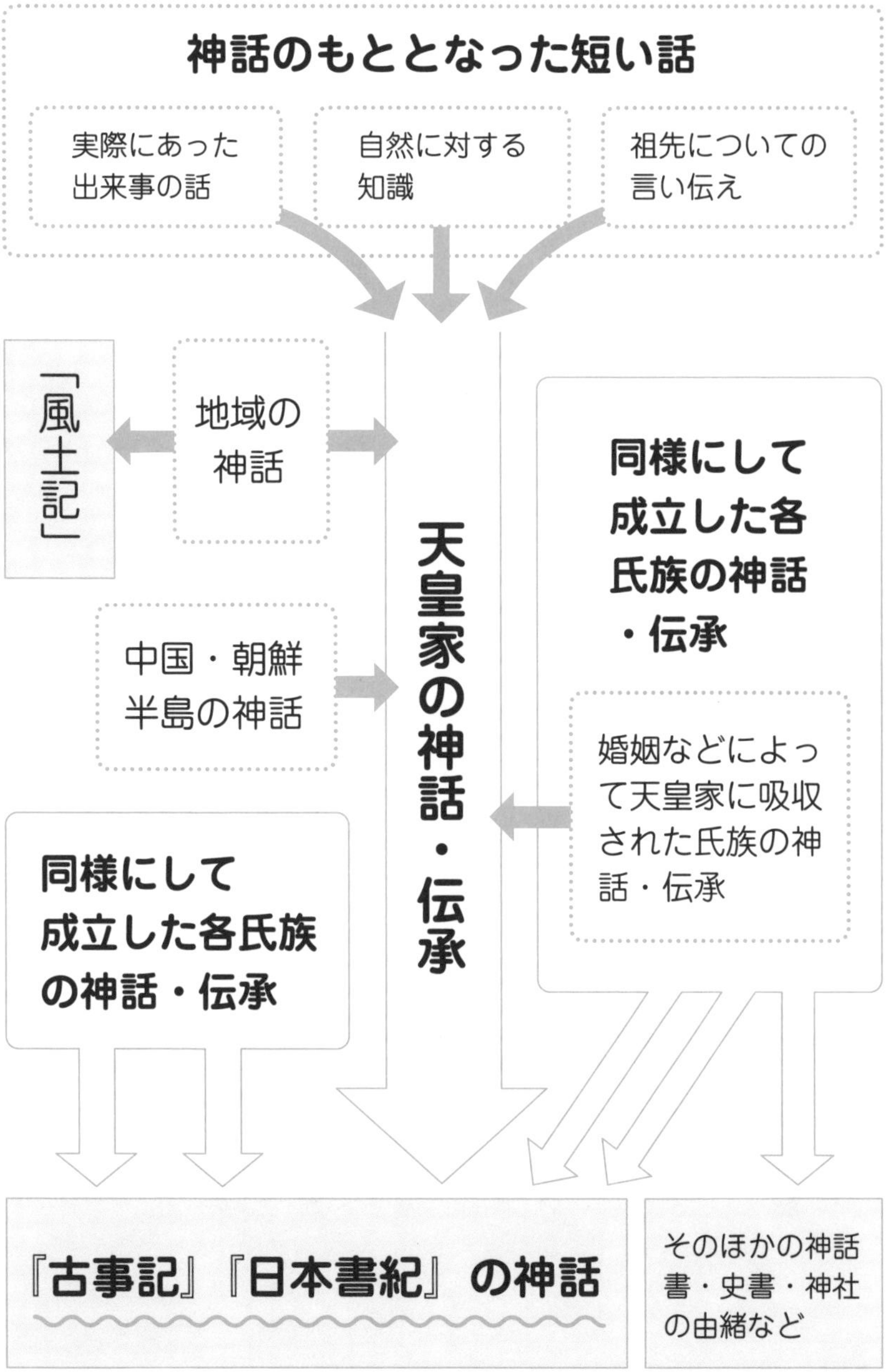

神話のもととなった短い話
実際にあった出来事の話
自然に対する知識
祖先についての言い伝え
「風土記」
地域の神話
中国・朝鮮半島の神話
天皇家の神話・伝承
同様にして成立した各氏族の神話・伝承
婚姻などによって天皇家に吸収された氏族の神話・伝承
同様にして成立した各氏族の神話・伝承
『古事記』『日本書紀』の神話
そのほかの神話書・史書・神社の由緒など

11 なぜ、書物によって神話の内容が違うの？

『古事記』『日本書紀』「風土記」は目的が違うから

オオクニヌシ（大国主命《おおくにぬしのみこと》）は今も多くの神社で祀られている神様ですが、古代においても人気があり、『古事記』『日本書紀』『出雲国風土記《いずものくにのふどき》』『播磨国風土記《はりまのくにのふどき》』などに神話が収録されています。**ところが同じ神様の神話であるにも関わらず、語られている内容は、本によって大きく異なっています。**

たとえば、有名な「因幡《いなば》の白ウサギ」の話は『古事記』にしか載っていません。『出雲国風土記』では、「天下所造《あめのしたつくら》し大神」（地上を開発された大神）と呼ばれて地上の王としての風格が感じられますが、『播磨国風土記』では、相棒のスクナヒコネ（小比古尼命《すくなひこねのみこと》）*と我慢くらべをして失敗する、ひょうきん者として描かれています。

こうした違いは、なぜ生まれたのでしょうか。

その話の前に「風土記」について簡単に説明しておきますと、これは713（和銅6）年の詔《みことのり》に基づき、各国の地理・産物・地名の由来などの神話を報告させたものです。朝廷が地方統治の上でどのような情報を必要としていたのか、ここから知ることができます。

さて、オオクニヌシの神話ですが、出雲国と播磨国の「風土記」に収録されていることから、この両国に信仰が広まっていたことが知られます。**両「風土記」の神話の違いは、両国の信仰の違いと考えていいでしょう。**

一方、大和朝廷の歴史書（『古事記』『日本書紀』）にもオオクニヌシの神話が収録されているのは、大和朝廷にとって出雲国が最大のライバルであったからと思われます。**この強敵を屈服させて支配下においた皇祖神《こうそしん》（皇室の祖先神）を讃《たた》えるために、その強さを示す神話が収録されたのです。**

用語解説

＊**スクナヒコネ**　一寸法師のように体の小さい神様。スクナビコナともいい、『古事記』では少名毘古那神、『日本書紀』では少彦名命と記される。

オオクニヌシの描かれ方は書物によって異なる

『古事記』『日本書紀』

かつての敵国の神であるオオクニヌシを、皇祖神の引き立て役として描いた

『出雲国風土記』

オオクニヌシを、地上を開発した最も神格の高い神様として描いた

『播磨国風土記』

オオクニヌシを、失敗などもしながら国造りをした祖先神として描いた

『古事記』『日本書紀』では、地方の神は皇祖神を引き立てるように登場する。一方、「風土記」には、その地方で語られていた生の神話が記録されている。

12

祝詞はお経と同じようなものなの？

祝詞は神様との対話

ちょっと前のことなのですが、喫茶店で隣の席に座った女性グループの会話が気になったことがありました。神社を参拝してきたところらしいのですが、こんなことを言っていたのです。

「神主さんがお経《きょう》をあげているのを聞けてよかったわ」

いえいえ、それはお経ではなく祝詞《のりと》でしょう、と言いたかったのですが、不審者と思われそうだったので自粛しました。

女性たちの気持ちもわからなくもありません。ひょっとしたら祝詞という言葉を失念して、思わず、お経と言ってしまったのかもしれません。いずれも礼拝対象に向かって唱えられる呪文《じゅもん》めいたものということでは共通していますから。

しかし、祝詞《のりと》とお経では内容も目的もまったく違っているのです。

まずお経ですが、これは開祖の釈迦《しゃか》の言葉を記録したものとされます。歴史的にはそうではないものも含まれますが、すべてが仏の教えとして重視されています。

もとはその教えを学ぶために読み上げていたのですが、唱えるだけで功徳があるとされるようになりました。

これに対して祝詞は、**神様から人へのお告げ、あるいは人から神様への奏上の言葉のことをいいます。神様からのものは宣下体《せんげたい》（宣命体《せんみょうたい》）の祝詞、人から神様に感謝やお願いを伝えるものは奏上《そうじょう》体《たい》の祝詞と呼ばれます。**現在の神社で読み上げられているものの多くは奏上体の祝詞*です。

祝詞が聞き取りにくいのは、神様に対して唱えているからで、参列者に聞かせるためではないからです。この点でもお経と異なっています。

用語解説

＊**奏上体の祝詞**　宣下体・奏上体の違いは祝詞の文末の言葉でわかる。「と宣（の）りたまう」で終わるのが宣下体、「と申す」で終わるのが奏上体。

祝詞を媒介として神様と人はつながる

かしこみ
かしこみ…
そーか
そーか

祝詞の「のり」は「宣る（大切なことを言う）」という意味。同時に「祈り」の「のり」にも通じ、神霊が人に「乗った（憑依した）」状態を示すともいわれる。

祝詞とお経は、
内容も目的も
まったく違うんだ

祝詞

特徴　神様からのお告げ、あるいは神様への奏上。神様と対話するために読む。

お経

特徴　釈迦や仏からの教えの言葉。学ぶため、功徳を積むために読む。

13 言葉に神霊が宿るって、どういうこと？

言葉がよいことや悪いことを引き起こす信仰

日本では古来、言葉には霊性（神霊）が宿っていて、不用意に用いると、悪しきことを引き起こすと恐れられていました。**この言葉に宿る霊性のことを「言霊《ことだま》」といいます。**

言葉が霊力を秘めていると考えるのは日本だけではなく、世界中にみられる信仰です。呪文のたぐいは、いずれも言葉の霊力の信仰に基づくものです。

ただ、**日本の場合は、和歌などとも結びついて独自の文化を形成してきました。**

たとえば、小野小町《おののこまち》は日照《ひで》りの際に和歌を詠んで雨を降らせたとされます。和歌は仏教の真言《しんごん》・陀羅尼《だらに》*といった呪文に匹敵する霊力を発揮すると信じられたのです。

実は、今でも言霊の信仰は生きています。結婚式で「わかれる」「切れる」と言った言葉を避けるのも、葬式で「重ねる」「繰り返し」「続く」といった言葉を忌《い》むのも、言霊の作用で結婚が破綻《はたん》したり、不幸が続くことを避けるためです。

また、受験生が「滑る」「落ちる」といった言葉を嫌がるのも、知らず知らずのうちに言霊信仰を受け継いでいる証拠です。

言霊は悪しきことばかりを招くわけではありません。よいことも引きつけてくれます。何か失敗をしてしまった時や、忌み言葉をうっかり言ってしまった時は、よい言葉で言い換えることで被害を軽減し、福を招くことができるとされます。これを「のり直し」といいます。

高貴な人の誕生日で少々大げさな祝いの言葉を述べるのも、寿詞《よごと》・言祝《ことほ》ぎという呪術的行為でした。「よい言葉」の言霊の作用で、寿命を延ばしたり、幸運が招かれることを願ったのです。

用語解説

*＊***真言・陀羅尼**　密教で用いられる呪文。言葉そのものが霊力をもつとされるため漢語や日本語には訳されず、サンスクリット語の発音のまま唱えられる。

神道では「言挙げ」はタブーとされる

こやつは神ではなく神の使いに違いない
今は殺さず、帰りに殺そう
神様
しめしめ
言挙げを間違えたぞ
祟りにあわせてやる
正しいと思うことでも軽々しく口にすべきじゃない

伊吹山で、神様の仮の姿である猪を、「神の使いだ」と明言（言挙げ）したヤマトタケル（倭建命）は、祟りを受けて命を失った。

14

神楽は、なぜ「神楽」と書くの？

神様を楽しませるための芸能だから

「神楽《かぐら》」と聞いて何を連想されるでしょうか。拝殿で巫女《みこ》さんが鈴を手に舞う様子でしょうか、それとも神楽殿で演じられる八岐大蛇《やまたのおろち》退治などの舞踊劇でしょうか。

『古事記』『日本書紀』の神話によると、神楽の始まりはアマテラスが天岩戸《あめのいわと》に隠れてしまった時に、**アマテラスを誘い出すためにアメノウズメ（天宇受売命《あめのうずめのみこと》）**＊**が天岩戸の前で舞ったことだとされます。**

アメノウズメが舞い、神々が笑っていることに気づいたアマテラスは、こう言いました。

「私が隠れてしまったから天も地もまっ暗なはずなのに、アメノウズメが楽《あそび》をなし、神々が笑っているのはなぜだろう」

「遊び」というと子どもがするものと思われるでしょうが、本来は祭りの場に神霊を招いて歌舞音曲を奏することをいいました。

つまり、**神楽は神様を楽しませるために演じられる芸能のことなのです。五穀豊穣《ごこくほうじょう》などの願いを聞いていただくために、まず神様に楽しんでもらう、これが神楽の目的です。**

もちろん、ただ楽しんでもらうだけではありません。アメノウズメの子孫とされる猿女君《さるめのきみ》は宮中の鎮魂祭《たましずめのまつり》で天皇の魂を肉体に留め、活性化する舞いを奉っていました。祭りの神楽も、神様の霊威を高め、活性化する意味があると思われます。

したがって、神楽は本殿に向かって演じられるものでした。今も巫女舞いはそのように舞われていますが、時代が下るにつれて参拝者を対象とした芸能としての要素が強くなり、神域以外でも演じられるようになりました。獅子《しし》舞《ま》いや曲芸にも神楽をルーツとするものがあります。

用語解説

＊**アメノウズメ**　天岩戸の前で舞ったことから芸能の守護神として信仰され、京都の芸能神社（車折神社の境内社）などで祀られている。

神楽を奉納すれば、神様がお出でになる

ほっほっほ
楽しい
美しい
神楽は
神様の
“遊び”
なんだ

神楽の分類

神楽は宮中で行なわれてきた御神楽と民間で行なわれてきた里神楽の２種類に分類できる。

- 神楽
  - 御神楽《みかぐら》　宮中に伝わる歌舞。祭祀と深く関わる
  - 里神楽《さとかぐら》
    - 巫女神楽《みこ》（巫女舞い）　神社の巫女が鈴・笹・扇・榊《さかき》などを手に舞う
    - 採物神楽《とりもの》（出雲流神楽）　剣などの採物を持った舞いや神話を題材とした舞踊劇
    - 湯立神楽《ゆだて》（伊勢流神楽）　湯釜の湯を榊の枝で振りまいて清める儀礼を含む神楽
    - 獅子神楽《しし》（太神楽など）　獅子頭で魔除けなどを行なう

15

手を清めてお参りするのは、なぜ？

心身の穢れを除いて神前に進むため

神社をお参りする際には手水舎《ちょうずや》（「てみずや」とも読む）で手と口を清めます（左ページ参照）。

なぜ、お清めをするかというと、日本の神様は穢《けが》れを嫌うからです。**神社は神様のお屋敷・宮殿のようなものですから、その敷地に入れていただくにあたって、衣装を改めるだけではなく、心身の汚れも落とすのです。**

かつては海や川に浸かって禊《みそぎ》をしてからお参りするのが正式の作法でした。

『古事記』『日本書紀』の神話によれば、禊を初めて行なったのはイザナキ（伊邪那岐命《いざなきのみこと》）であったといいます（27項参照）。

火の神*を産んだために焼け死んだ妻のイザナミ（伊邪那美命《いざなみのみこと》）のことが忘れられないイザナキは、死者の世界である黄泉《よみ》の国まで迎えに行きました。

ところが、イザナミはすでに死者の世界の住人となっており、その真の姿を見てしまったイザナキは命からがら地上に逃げました。

そして、黄泉の国で穢れてしまった身を清めるために、海で禊をしたのです。

このイザナキの故事に倣《なら》って神事に携わったり、神社を参拝する際には、禊をするようになったのです。

しかし、参拝のたびに裸になって禊をするのは容易ではありません。そこで、手と口を清めることで禊に代える手水が普及しました。

いや、私は穢れてなんかないよ、と言われるかもしれませんが、**人は日々の暮らしの中でさまざまな罪穢《つみけが》れにさらされています。それら1つ1つはささやかなものですが、穢れは穢れです。神前に進む際には清めるべきなのです。**

用語解説

＊**火の神**　カグツチ（迦具土神）のこと。防火の神として秋葉神社などで祀られている。

手水の作法 ―― 手と口の清め方を覚える

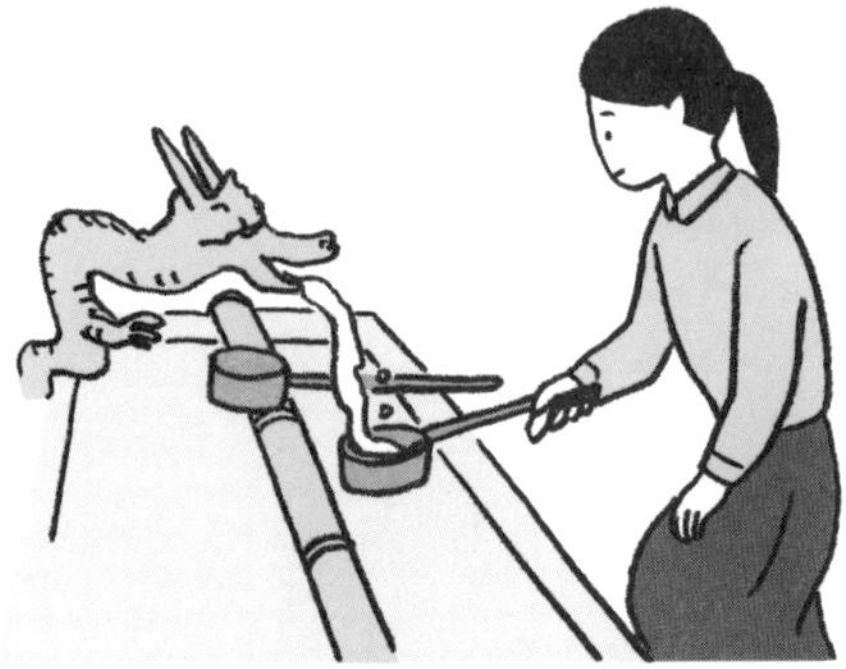

① 右手に柄杓を持って水を汲む。
この1杯で⑤までを行なう。

② 左手に水をかける。その後、
柄杓を左手に持ち替え、右手
にかける。

③ 柄杓を右手に持ち替え、左手で
一口分の水を受ける。

④ その水で口をすすぐ。その後、
左手に水をかける。

⑤ 柄杓を立て、残った水で柄を洗う。
柄杓を柄杓置きに伏せて戻す。

16

お札が「字が書かれた紙切れ」でないわけは？

御祭神の神霊が宿っているから

神社のお札《ふだ》を「字が書かれた紙切れ」*と言う罰当たりはいないと思いますが、お札やお守りの意義がわかりやすいように、あえてこんな表現をしてみました。

しかし、紙切れとは思わないものの、雑な扱いをしていませんか。

神社でいただいたはいいが、どう扱えばいいのかわからないので机の引き出しにしまったまま、といった話をよく聞きます。

もし、このような状態であれば、すぐに改めてください。お札のお祀りの仕方は次項で述べてありますので、参考にしてください。

ここでは、お札は、なぜ大事にしなければいけないのかを説明することにします。

お札は正しくは神札《しんさつ》といいます。**授与された神社の御祭神の神霊が込められているからです。お守りは、この神札を携帯できるようにしたものです。**

けれども、お札に神霊を込めるとはどういうことでしょうか。

神社には、〇〇八幡宮《はちまんぐう》とか〇〇稲荷神社といったように同じ名前をもつものがたくさんあることにお気づきだと思います。それらは同じ神社の分《ぶん》霊《れい》を祀っているのです。そのもととなる神社のことを（総）本宮《ほんぐう》・（総）本社《ほんしゃ》といいます。

分霊といってもコピーではなく、本宮とまったく同じ神様です。このようにいくつもの神社で同じ神様を祀ることができるのが神道の特徴です。

同様にして、神札にも御祭神の神霊が込められているのです（ただし、分社のような完全な分霊ではありません）。いわば神様の分身なのですから、失礼のないように扱わなければいけないのです。

用語解説
＊**字が書かれた紙切れ**　一般的な神札は神社名、または御祭神名が書かれた上に、神社の印（御神璽〈ごしんじ〉）が捺されている（左ページ参照）。

神様の分霊としてお祀りする「神札」

神社名や御祭神名。その下に「神璽《しんじ》」や「御守護」と書くこともある。
神社を代表する印。御神璽や神璽印と呼ばれる。
神社を司る宮司の印で、宮司印という。

●木札

紙と水引は袴を着て帯を締めていることを表す。
木札タイプは、台座に立てかけるなどしてお祀りする。

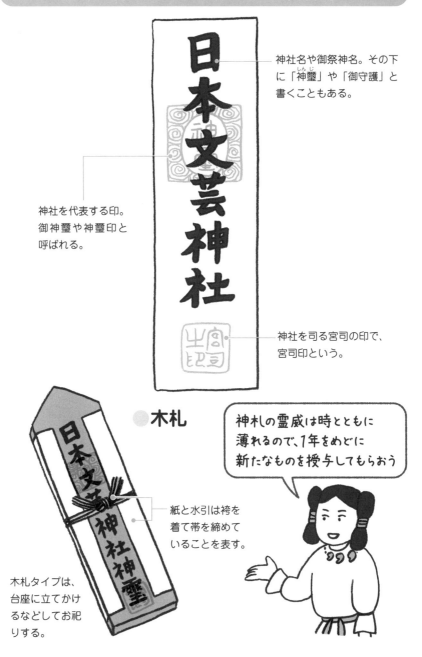

神札の霊威は時とともに薄れるので、1年をめどに新たなものを授与してもらおう

17 神棚がない家では、神札をどこに祀る？

タンスの上など目線の上の場所で祀る

前項で述べたように、神札（お札）は、授与された神社の御祭神の神霊が込められたものです。**いわば家庭用の御神体《ごしんたい》ともいうべきものですから、社殿にお祀りすべきものです。**

といっても、旧家で見るような邸内社《ていないしゃ》を庭に建てなさい、ということではありません。日本には、マンションでも使える便利な家庭用社殿があるのです。それが神棚《かみだな》です。

正確には神棚は社殿を安置する場所のことで、そこに安置される家庭用社殿は宮形《みやがた》といいます。

神棚（宮形）にはいろいろな形式・大きさがありますが、基本になるのは三社造《さんしゃづくり》（左の図参照）と一社造《いっしゃづくり》です。

三社と一社の違いは神札を納める場所が3つか1つかという違いです。神社の本殿にも御神体を奉安《ほうあん》する場所が1つのものと、複数横に並んでいるものがありますが、それと同じです。

三社造の場合、中央に伊勢神宮の神札（神宮大麻《じんぐうたいま》*といいます）を奉安し、向かって右にご自身の氏神神社の神札、左に崇敬している神社の神札を納めます。もし崇敬している神社が複数ある場合は重ねて奉安してもかまいません。

一方、一社造の場合は神札を奉安するスペースが1つしかないので、神宮大麻・氏神神社の神札・崇敬神社の神札の順に重ねて奉安します。

では、神棚を設置できない場合は、どうしたらいいでしょうか。**その場合はタンスの上など、目線より上になる場所にお祀りをします。**

まずその場所をきれいに掃除したうえで、白紙を敷き、そこに安置するのです。この時、お札が南か東を向くようにしましょう。米・塩・水を供えるとなおよいです。

用語解説

* **神宮大麻**　伊勢神宮で祀られているアマテラスのお札。神宮大麻だけは全国の神社で授与されている（すべての神社ではない）。

お札の種類によって祀るべき場所や方角がある

神札

神棚の神殿（宮形）内にお祀りする。三社造の場合は、３つの神札を下図の配置となるように。神棚は南あるいは東を向くように奉安するのが望ましい。

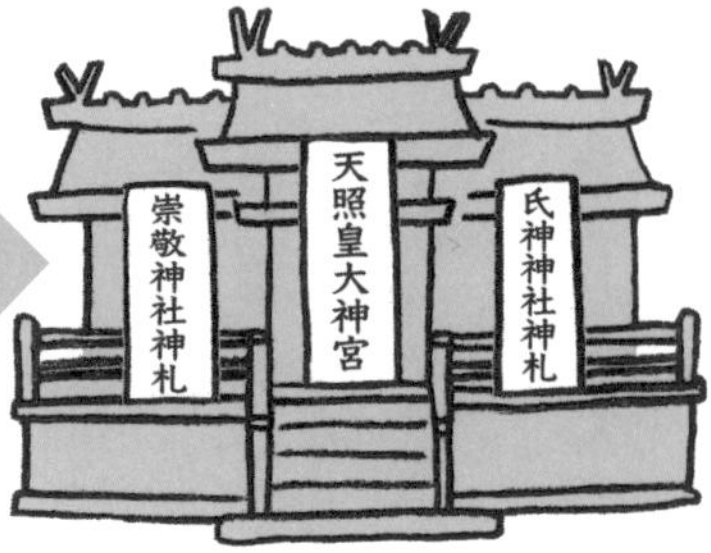

神棚に祀るものばかりでなく、火伏せの札など特定の場所に貼るものもある。

火伏せの札

火を使う台所などに貼る。

盗難除けの札

玄関に貼る。

COLUMN

運気が上がる!? 神社での正しい参拝作法

どこそこの神社をお参りすると運気が上がるといった文言を、雑誌やネット上の記事でよく目にします。

しかし、せっかくそのような神社をお参りをしても、御祭神の不興《ふきょう》を買うようなことをしてしまっては、逆効果にもなりかねません。正しい作法で参拝《さんぱい》することが大切です。

神社を参拝する際に、何よりまず心がけておきたいことは、そこが神様の宮殿だということです。いってみれば王宮のようなものです。

王宮で無礼な振る舞いをすれば叱られてしまいます。神社も同じことです。社殿の中から神様がこちらを見ていると思って身を慎むべきです。

境内に入ったら、まず手水《ちょうず》で清めます（15項参照）。参拝の際にはハンカチを忘れずに。

参道を歩く時は中央（正中）を避けます。神様の通り道だからです。拝殿でお参りする時も中央はなるべく避けましょう。

なお、境内《けいだい》では脱帽します。寒い日などは参道での着用は構いませんが、拝殿前でお参りする時や昇殿の際には脱帽します。サングラスもとります。

拝殿前での参拝は「二拝《にはい》二拍手《にはくしゅ》一《いっ》拝《ぱい》」です。拝殿に昇殿して正式参拝する際には、玉串奉奠《ほうてん》をします。

① 2回深く頭を下げる。腰は90度ぐらい。

② 右手を少し下にずらすようにして両手を合わせ、2回手を打つ。

③ 最後にもう1回深く頭を下げる。

第2章

日本の神様

——神々の素顔と御神徳

18 日本の神様はキリスト教の神様とどう違う？

神道の神様は創造主ではない

神社で祀られる日本の神様も、教会で礼拝されるキリスト教の神様も、「神」ということでは共通しています。では、その特質も似ているのでしょうか。

実はまったく違っています。できることなら呼び方を変えて区別したいのですが、日本語にはキリスト教の神様を表すような言葉がありませんので、以後も「神様」と呼ぶことにします。

さて、神道《しんとう》とキリスト教の違いを一言でいえば、多神教と一神教＊ということになります。しかし、これは単に神様の数の違いということではありません。

キリスト教の神様は万物の創造主です。**キリスト教においては、神様自身以外の存在はすべて神様によって創られたものと考えます。**時間や空間さえも神様の被造物《ひぞうぶつ》なのです。

神道では八百万《やおよろず》の神様がいるとしますが、その中には創造神はいません。

イザナキとイザナミは日本の国土を生み、多くの神々も生んでいますので、神々の生みの親といえますが、すべての神様がイザナキ・イザナミから生まれたわけではありません。**イザナキ・イザナミ以前にも多くの神々がおり、その最初の神様も天地を創造したわけではありません。**

では、仏教の仏《ほとけ》様はどうでしょうか。仏様にはいろんな種類がありますので、神道と同じ多神教といえるでしょうか。

いえ、いえません。なぜなら仏は神ではないからです。仏（ブッダ、如来《にょらい》）は悟りを開いた人間のことです。**真理を悟ることができれば誰でも仏になることができます。**ただし、それは容易ではないと、お経は説いています。

用語解説

＊**一神教**　ユダヤ教やイスラム教の神様も一神教で、神様に対する考え方はキリスト教と基本的に同じ。

日本には「八百万の神々」がいる

「八百万」とは、たくさんという意味。数が多いだけではなく、種類も多い。山・川・海といった自然の神もいれば、国生みの神、開発の神など、ものごとを司る神もいる。

19 八百万の神々の中で一番偉いのは、誰？

アマテラスだが、同じぐらい偉い神様がいる

スサノオ（須佐之男命《すさのおのみこと》）の傍若無人《ぼうじゃくぶじん》な行為に腹を立てたアマテラスが天岩戸《あめのいわと》＊に身を隠してしまい、天も地もまっ暗になってしまった時（28項参照）、神々はアマテラスを誘い出すために天岩戸の前で祭《まつ》りを行ないました。外が騒がしいことに気づいたアマテラスは、岩戸を少し開けて「何を騒いでいるの」と尋ねました。

するとアメノウズメが、「あなたより貴い神様がいらっしゃったので、喜んで祭りをしているのです」と答えたのです。

もちろん、これは誘い出すための嘘で、「そんなはずはない」とアマテラスが身を乗り出したところを連れ出した、と神話は語っています。

この話はアマテラスこそがもっとも貴い神様だということを、逆説的に述べているといえます。

このほかにも、神々の集会で議長的な役割をしていること、**天皇の祖先神《そせんしん》であるニニギを地上に派遣していることなどから、アマテラスが神々の中で一番偉い地位にあることがわかります。**

しかし、『古事記』『日本書紀』をよく読むと、最高神的な神様がもう1柱いることに気づきます。それはタカギ（高木神《たかぎのかみ》）あるいはタカミムスヒ（高御産巣日神《たかみむすひのかみ》）と呼ばれる神様です。

たとえば、オオクニヌシから地上の統治権を譲らせるために誰を派遣しようかと神々が相談する場面では、「タカミムスヒとアマテラスがもろもろの神々に問うた」と書かれています。また、『日本書紀』では、ニニギを派遣するのはタカミムスヒでアマテラスではありません。

アマテラスは神道の最高神ではありますが、絶対的な支配者というわけではないようです。

用語解説

＊**天岩戸**　天上の世界である高天原（たかまのはら）にあるとされる岩窟の堅固な戸。

神道には、最高神の候補者がたくさん

アマテラスが天上界（高天原）を治めるようになったのは、父イザナキから命じられたから。イザナキも先に現れた神々に命じられて国生みを行なった。一方、出雲ではオオクニヌシが最高神として扱われていた。

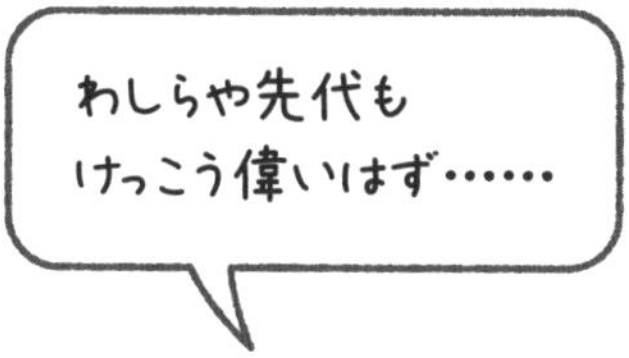
わしらや先代も
けっこう偉いはず……

親だし
イザナキ・イザナミ
わしもけっこう
偉いんじゃが……
アマテラス
輝きすぎー
太陽神たる
わらわが
高天原の
主宰神じゃ
アマテラス
タカミムスヒ
オオクニヌシ
国が統一される前は
地域ごとに一番の神様が
おられたのだろうな
国造りをした
わしも負けとらん！

20 氏神って、土地に住む人たちの祖先なの？

もとは祖先神のことだったが、その後変わった

多くの神社が氏子区域《うじこくいき》というものをもっています。この区域に住む人は、その神社（御祭神）にとって氏子であり、区域の住民*はその神社（御祭神）を氏神《うじがみ》として崇敬するのです。**つまり、氏神と氏子は地縁で結ばれているわけです。**その土地に引っ越してきた者は新たな氏子になりますし、転出した時は、新しい土地の氏子になるわけです。

しかし、氏神の本来の意味はそういうものではありません。その名前の通り、氏《うじ》（氏族）を守る神様でした。

たとえば、宮中の祭祀に携わっていた中臣《なかとみ》（のちの藤原）氏や忌部《いんべ》氏は、それぞれ祖先神であるアメノコヤネ（天児屋根命《あめのこやねのみこと》）・フトダマ（布刀玉《ふとだまの》命《みこと》）を氏神として祀っていました。

また、物部《もののべ》氏はウマシマチ（宇摩志麻遅命《うましまぢのみこと》）、賀茂《かも》氏はカモタケツヌミ（賀茂建角身命《かもたけつぬみのみこと》）を祖先神とし、この神を祀る神社を氏神神社として崇敬していました。

氏神の性格の変化には、平城京などの都市の出現が関係しているとされます。**貴族や官僚たちが都市の中心部に居住するようになったため、氏神を祀る故郷の神社との関係が薄くなってしまったというのです。**

さらに平安後期、武士の台頭が氏神の性質を大きく変化させました。

貴族たちは武士に荘園の警備を任せていましたが、**武士たちは荘園に祀られていた鎮守社《ちんじゅしゃ》（荘園を守護する神様を祀る社）を氏神のように崇拝したのです。**こうしたことから、地域を守る産土神《うぶすながみ》と氏神が混同されるようになり、現在の氏神の信仰が成立したのです。

用語解説

＊**区域の住民**　自分が住んでいる場所の氏神神社については、各都道府県の神社庁に問い合わせると教えてくれる。

「氏神」という言葉には、３種の意味が含まれる

1 祖先神としての氏神

古代から、各地の豪族・氏族が信仰してきた氏族を守る祖先神を氏神と呼んだ。氏神の本来の意味は、この祖先神のこと。

例
アメノコヤネ —— 中臣（藤原）氏
フトダマ —— 忌部（斎部）氏
ウマシマヂ —— 物部氏
カモタケツヌミ —— 賀茂氏
オオモノヌシ—— 大神氏、三輪氏
アメノウズメ——猿女氏

2 擬制的氏神

武士たちは家臣団も含めて同じ神様を崇敬して結束を固めた。とくに源氏の八幡信仰が有名で、それぞれの拠点に八幡神社を勧請して氏神とした。

例
八幡大神 —— 源氏
厳島明神 —— 平家

3 地縁的氏神

各地域の荘園を守る神様を①と②のような氏神として信仰。近辺地域の住人は「氏子」とされた。生まれた土地の神様は、もとは産土神《うぶすながみ》と呼ばれたが、これが氏神と混同された形だ。

21 山の神も海の神もたくさんいるって、本当？

さまざまな山・海の神が神話に登場する

日本の神話では、スサノオやオオクニヌシといった英雄的な活躍をする神様が注目されがちですが、注意深く読むと、さまざまな役割をもった神様が登場していることがわかります。**しかも、似たような性質をもつ神様が複数も出てくるので驚くことがあります。**

たとえば、オオヤマツミ（大山津見神《おおやまつみのかみ》）という山の神が脇役として時折登場してきます。ニニギの妃となるコノハナノサクヤビメ（木花之佐久夜毘売命《このはなのさくやびめのみこと》）の父として登場する場面が有名ですが、スサノオが八岐大蛇《やまたのおろち》より救うクシナダヒメ（櫛名田比売《くしなだひめ》）の祖父でもあります。

しかし、日本神話に登場する山の神はオオヤマツミだけではありません。オオヤマクイ（大山咋神《おおやまくいのかみ》）は比叡山《ひえいざん》と京都の嵐山《あらしやま》にある松尾《まつお》大社に鎮座する山の神です。

また、イザナミの死の原因となった火の神カグツチをイザナキが斬った時にも、その死体からマサカヤマツミ（正鹿山津見神《まさかやまつみのかみ》）・オドヤマツミ（淤縢山津見神《おどやまつみのかみ》）・オクヤマツミ（奥山津見神《おくやまつみのかみ》）・クラヤマツミ（闇山津見神《くらやまつみのかみ》）・シギヤマツミ（志芸山津見神《しぎやまつみのかみ》）・ハヤマツミ（羽山津見神《はやまつみのかみ》）・ハラヤマツミ（原山津見神《はらやまつみのかみ》）・トヤマツミ（戸山津見神《とやまつみのかみ》）という8柱の山の神が誕生しています。

海の神もワタツミ（綿津見神《わたつみのかみ》）のほかに、主に航海を守護する役割を担った住吉神《すみのえのかみ》＊・宗像神《むなかたのかみ》が有名です（38項で解説）。いずれも3柱で1つの神格をなしているところも共通しています。

このように似た役割をもった神様が多数登場してくるのは、**それぞれの氏族や地域で形成された神話が1つにまとめられて『古事記』『日本書紀』の神話になったことによると思われます。**

用語解説

＊**住吉神**　ワタツミと住吉神はともにイザナキが禊をした時に、海の底・海中・海面でそれぞれ１柱ずつ誕生している。

海や山には、たくさんの神様がいる

22

神様の役割が名前からわかるって、本当？

神名にその性質が表れていることが多い

アマテラスの命を受けて地上統治のため天降《あまくだ》りした神様は、通常ニニギ*と呼ばれますが、実はこれは略称です。

『古事記』によればアメニキシクニニキシアマツヒコヒコホノニニギ（天《あめ》邇《に》岐《き》志《し》国《くに》邇《に》岐《き》志《し》天《あま》津《つ》日《ひ》高《こ》日《ひ》子《こ》番《ほ》能《の》邇《に》邇《に》芸《ぎ》命《のみこと》）が正しい名前です。

落語の「寿限無《じゅげむ》」ほどではありませんが、1柱の神様の名前とは思えないほどの長さです。

ところが、正式には長い名前の神様は意外に多く、ニニギの父のアメノオシホミミも、正しくはマサカツアカツカチハヤヒアメノオシホミミ（正《まさ》勝《かつ》吾《あ》勝《かつ》勝《かち》速《はや》日《ひ》天《あめの》忍《おし》穂《ほ》耳《みみ》命《のみこと》）といいます。

こんな長い名前覚えられないと思われるかもしれませんが、意味を知ってしまえば、案外覚えられるものです。

まずニニギですが、「アメニキシ」で「天上世界が賑々《にぎにぎ》しく豊かになる」、「クニニキシ」で「地上が賑々しく豊かになる」、「アマツヒコ」は「天上から来た男（神様）」、次の「ヒコ」は「太陽神の子（孫）」の意です。そして、「ホノニニギ」は「稲穂が豊かに実る」です。

一方、アメノオシホミミは全体を通して訳すと「正に勝った、私は勝った、日が昇るように素早く勝った、多くの米を実らせた稲穂（の神様）」となります。

こう読み解いてくると、どちらも実質的な名前は「ホノニニギ」「アメノオシホミミ」で、その前の部分は称号であること、そして、いずれも米の豊作をもたらす神様であることがわかります。

すべての神様の名がこのように読み解けるわけではありませんが、神様の名とその性質・役割とは密接な関係があるのです。

用語解説

***ニニギ**　アマテラスの孫にあたるので「天孫」とも呼ばれる。

名前を読めば、性質・役割がわかる

●天照大御神

アマ　テラス

↓天を　↓照らす

●月読命

ツク　ヨミ

↓月（月齢）を　↓読む（知る）

●大山津見神

オオ　ヤマ　ツ　ミ

↓大いなる　↓山　↓の　↓神霊

●伊《い》斯《し》許《こ》理《り》度《ど》売命《めのみこと》

イシ　コリ　ドメ

↓石　↓（溶けた金属を）凝り固める、または、精進した　↓女性

すべての神名には
あてはまらないけど
参考になるよ

●天津日高日子番能邇邇芸命

アマ　ツ　ヒコ　ヒコ　ホ　ノ　ニニギ

↓天　↓の　↓男子　↓太陽の子　↓稲穂　↓の　↓（穂が）よく実る

天から下った男神　　よく実った稲穂

◆記紀によく出てくる表現

「アメ（アマ）」→天・高天原のこと
「クニ」→大地・地域のこと
「ホ」→稲穂または火のこと

「ヒ」→霊力を分け与える存在（火、日、氷など）のこと
「ケ」→食べ物に関係することが多い

23 外国生まれの神様でも神社で祀られるの？

外来の神様も神道に取り入れられている

神道は日本固有の宗教だから、崇拝されている神様も日本固有のもの、と思われているのではありませんか。

概略では間違っていないのですが、「すべての神様が日本生まれ」というわけではありません。たとえば、神社によっては境内に七福神《しちふくじん》の社《やしろ》や像を祀っているところがありますが、**七福神のうち純粋な日本の神様は恵比寿《えびす》だけです。**毘沙門天《びしゃもんてん》・弁才天《べんざいてん》・布袋《ほてい》は仏教（インド）、福禄寿《ふくろくじゅ》と寿老人《じゅろうじん》は道教《どうきょう》（中国）の神様です。大黒天《だいこくてん》はオオクニヌシのこととすれば日本の神様になりますが、大黒天という名前は仏教由来です。

七福神は中世以降の信仰ですが、『古事記』『日本書紀』の神話まで遡《さかのぼ》っても外来の神様は登場しています。**記紀（『古事記』『日本書紀』）の神話に登場する外国生まれの神様の代表がアメノヒボコ（天之日矛命《あめのひぼこのみこと》）です。**

アメノヒボコは朝鮮半島の新羅《しらぎ》の国の王子で、赤い玉から生まれた美女*を妻としていました。美女はさまざまな美食をつくって夫に食べさせたのですが、驕《おご》り高ぶったアメノヒボコは妻を口汚く罵《ののし》りました。

すると美女は怒って「私はあなたのような者の妻になるべき女ではないのです」と言い、父が住むという日本の難波《なにわ》に渡ってしまいました。

あわてたアメノヒボコはその後を追って難波に入ろうとしましたが、港の神に妨害されて中に入ることができません。そこで但馬《たじま》国に鎮座したとされ、出石《いずし》神社などで今も祀られています。

アメノヒボコは渡来系の氏族が祭祀を始めたのではないかと思われますが、このほか新羅明神《しんらみょうじん》のように留学僧などが伝えた信仰もあります。

用語解説

＊**赤い玉から生まれた美女**　アカルヒメ（阿加流比売神〈あかるひめのかみ〉）のこと。赤留比売神社（大阪市平野区）などで祀られている。

外から来て「八百万の神々」に仲間入りした神様

出身地が外国の神様

たとえば…

アメノヒボコ

＊本文参照

関連神社　出石神社（兵庫県豊岡市出石町）

呉服大明神（くれはだいみょうじん）

＊古代日本に呉の国から織物技術を伝えた工女

関連神社　呉服神社（大阪府池田市室町）

但馬国に上陸したアメノヒボコ。

渡来氏族が信仰した神様

たとえば…

今木神（いまきのかみ）

＊朝鮮系で、桓武天皇の生母である高野新笠の祖先神

関連神社　平野神社（京都市北区）

韓神（からかみ）

＊朝鮮系の渡来人の神様。かつては宮内省で祀られた

関連神社　園韓神社（現在は廃社）

ほかの宗教の神様

たとえば…

泰山府君（たいざんふくん）・新羅明神（しんらみょうじん）

＊延暦寺の僧円仁《えんにん》・円珍《えんちん》の唐留学を守護した

関連神社　赤山禅院（京都市左京区）・園城寺《おんじょうじ》（滋賀県大津市園城寺町）

牛頭天王（ごずてんのう）

＊釈迦が活動したインドの祇園精舎《ぎおんしょうじゃ》の守護神

関連神社　八坂神社（京都市東山区）

24 人間も神様になれるの？

神様になった日本人が意外と多くいる

「○○さんは神！」「神対応」といった表現が使われるようになって久しいのですが、これはあくまで比喩《ひゆ》で、そう呼ばれた人が礼拝の対象になっているわけではありません。

しかし、実際に神社に祀られて多くの人の信仰を集めている「人」もいます。もっともよく知られている例は、天神《てんじん》様として知られる菅原道真《すがわらのみちざね》公でしょう（詳しくは36項で述べますので、そちらもお読みください）。ほかにも徳川家康《とくがわいえやす》公（東照宮《とうしょうぐう》）や平将門《たいらのまさかど》公の信仰も広まっています。

でも、**『古事記』『日本書紀』の神話では、神の子孫としての人間は語られているものの、人が神様になる話や、人を神様として祀る話は載せられていません。**人と神様とは違う存在であり、両者の間で結婚はできても、人が神様に変わるというようなことはないと考えられていたようです。

人を神様として祀る風潮が生じたのは奈良時代後期頃からとされます。強い怨《うら》みを抱いて死んだ者は祟《たた》りをなすので、神として祀って慰めなければいけない＊と考えられるようになったのです。

大規模な祭りや神社での祭祀が行なわれるようになったのは平安時代に入ってからで、863（貞観《じょうがん》5）年に、平安京の神泉苑《しんせんえん》で執行された御《ご》霊《りょう》会《え》が、その始まりとされます。

中世になると、大きな業績を残した人や英雄なども神様として祀るようになりました。

ただし、これらの中には子孫や後継者などが、その人物を神格化しようとして信仰を広めたものもあるようです。

豊臣秀吉《とよとみひでよし》や徳川家康は生前に自分を神として祀るよう言い残したと伝えられています。戦国の英傑ならではの自信といえるでしょう。

用語解説

＊**祀って慰める**　御霊信仰という。平城京・平安京といった都市が出現し、疫病が流行しやすくなったことも背景にある。

日本では人間でも神様になれる

怨みをもって死んだ人

- **菅原道真**（全国の天満宮や天神社）
- **平将門**（御首神社や神田明神など）
- **崇徳《すとく》上皇**（白峰神宮など）
- **安徳天皇**（赤間神宮）

など

道真公（天神）と神使の
牛を描いた牛乗り天神。

偉人・英雄

- **聖徳太子**（鵲森宮《かささぎもりのみや》や奈良の寺院など）
- **和気清麻呂《わけのきよまろ》**（護王《ごおう》神社など）
- **後醍醐《ごだいご》天皇**（吉野神宮など）
- **豊臣秀吉**（全国の豊國神社など）
- **徳川家康**（全国の東照宮など）
- **二宮尊徳《にのみやそんとく》**（報徳二宮神社）

など

法隆寺《ほうりゅうじ》に伝わる
聖徳太子の像。

一族の祖・藩祖

- **藤原鎌足《ふじわらのかまたり》**（談山《たんざん》神社など）
- **武田信玄**（武田神社など）
- **上杉謙信**（上杉神社など）
- **伊達政宗**（青葉神社など）
- **加藤清正**（加藤神社や清正公《せいしょうこう》）

など

25 なぜ、トイレの神は重要な存在なの？

出産など家族の健康を守る神様だから

植村花菜《うえむらかな》さんの楽曲「トイレの神様」のヒットで、トイレにも神様がいることを知られた人も多いのではないでしょうか。

しかし、かつては多くの家でトイレの神（厠神《かわやがみ》・便所神）が祀られていました。そして、歌にあったように、とても大切にされていました。

植村さんの歌では、トイレをきれいにしていると美人になれるとしていましたが、**一般の信仰では、よい子が授かるとしているところが多いようです。また、出産の際に妊婦を守る神様としても信仰されてきました。**

かつては出産は家で行なうものであったので、家で祀られる神様の中でも穢《けが》れを厭《いと》わない厠神に無事出産を祈ったのです。出産はどうしても出血を伴ってしまいますが、日本の多くの神様は血を穢れとして嫌う傾向があるのです。

こうしたことから、新生児が最初に礼拝するのも厠神だとされました。これを雪隠《せっちん》参りといい、生後3日目頃に行ないました。

排便は健康に直結していますから、そのトイレを守る神様は家族の健康を守ると考えられたのでしょう。地域によっては、大晦日《おおみそか》の夜にトイレの前にお膳を供え、一家でその前に並んで家長が「お世話になりました」と挨拶＊をしたそうです。

家の中には、トイレ以外にも神様を祀る場所があります。

たとえば、台所には竈《かまど》の神や火の神が祀られました。また、納戸《なんど》（衣類や米などをしまっておく部屋）にも納戸の神が祀られました。

神棚に祀られる氏神は家長が祀るものとされていましたが、こうした家の神は主婦が祀るものとされていました。

用語解説

＊**トイレに膳を供えて挨拶**　長野県下伊那郡阿南町新野の事例（飯島吉晴『竈神と厠神』より）。これを「便所の年取り」といった。

家の中を守ってくれる神様

地域によって異なるが、トイレには、土の神ハニヤスビメ（波邇夜須毘売神）と水の神ミズハノメ（弥都波能売神）などを、台所には、竈神や秋葉神社・愛宕神社の火伏せのお札などを祀る。

トイレの神

台所の神

納戸の神

26

日本の国土は神様が生んだもの？

——イザナキ・イザナミが生んだ

『古事記』と『日本書紀』では、天地のはじめに出現した神様が違っているのですが、世界は混沌《こんとん》とした状態で、地上も沼のようだったとする点では共通しています。**この地上に大地を生み出して、人間たちが暮らす国土としたのが、イザナキ・イザナミでした。**

イザナキ・イザナミは、まず天浮橋《あめのうきはし》という天上と地上をつなぐ橋の上から、天沼矛《あめのぬぼこ》という宝石（玉）で飾られた矛を下ろし、ドロドロの地上をかき混ぜてみました。

そして、矛を引き抜くと、矛先から塩がしたたり落ちて固まり、島となりました。オノゴロ島です。

イザナキ・イザナミはオノゴロ島に天御柱《あめのみはしら》を立て、宮殿を建てました。

互いの体に成り余ったところと成り足らないところがあることを知った二神は、これを合わせて国土を生むことにしました。

そこで二神は天御柱のまわりを、イザナキは左、イザナミは右から回り、出会ったところで「ああ、いい男ですね」「ああ、いい女ですね」と声をかけあって結婚しました。

ところが、生まれてきたのはヒルコ（水蛭子《ひるこ》）＊という出来そこないの神だったので、海に流してしまいました。

女神のほうが先に声をかけたのが悪かったとわかりましたので、改めて結婚をやりなおすと、今度は望んだような国土が次々と生まれました。

『古事記』によれば、最初に生まれたのは淡路島で、続いて四国・隠岐・九州・壱岐《いき》・対馬《つしま》・佐渡島・近畿・児島半島・小豆島・大島・姫島・五島列島・男女群島と生んでいきました。

用語解説

＊**ヒルコ**　流れ着いた先でエビス（恵比寿神）になったともいわれる。37項参照。

イザナキとイザナミが主役の国生み神話

国生みに先立ってオノゴロ島をつくるイザナギとイザナミ。

❶絵島《えしま》
イザナキとイザナミの最初の子のヒルコが流された場所と伝わる

❷自凝島神社《おのころじま》
矛から滴り落ちたという塩砂がある

❸友ヶ島《ともがしま》
古墳時代以前から神島とされてきた

❹沼島《ぬしま》
矛先の形をした上立神岩がある

27 「もっとも貴い子」と呼ばれる神様とは？

アマテラス・ツクヨミ・スサノオのこと

日本の国土を生み終えたイザナキとイザナミは、続いて神を生むことにします。ここで『古事記』と『日本書紀』の違いが生じます。

『古事記』では、風の神や河口の神、木の神、山の神など40柱ほどの神々を生んだ末に、イザナミは火の神カグツチを産んだことにより、火傷《やけど》で死んでしまったと語ります。

イザナミのことがあきらめきれないイザナキは、**死者が赴く黄泉《よみ》の国＊まで連れ戻しに行きますが、姿を見るなと言ったイザナミのタブーを破ったため、失敗に終わります。**

黄泉の国で穢れた体を清めるため、イザナキは海で禊《みそぎ》を行なうことにします。海の神のワタツミや住吉神《すみのえのかみ》などが生まれた後、左の目を洗うとアマテラスが、右目を洗うとツクヨミ（月読命《つくよみのみこと》）が、鼻を洗うとスサノオが生まれました。

イザナキは「私は子をたくさん生んだが、その終わりに3柱の貴《とうと》き子を得た」と言って喜びました。ここからアマテラス・ツクヨミ・スサノオを「三貴子《みはしらのうずのみこ》」（「さんきし」とも読む）と呼びます。

一方、『日本書紀』は、国生みが終わったところで、イザナキとイザナミは「天下《あめのした》の主となる者を生もう」と相談してアマテラスを生みます。その姿がこの上もなく貴かったため、二神はアマテラスに天上を治めさせることを決め、天に送ります。続いて生まれたツクヨミも同様に貴いので、やはり天に送ります。

しかし、3番目に生まれたヒルコは足が立たないため、4番目のスサノオは乱暴で泣いてばかりいたので追放してしまいます。これで神生みは終わり、イザナミが死ぬこともありません。

用語解説

＊**黄泉の国**　死者が住むとされる地下の国。字義は「地下にある泉」。

アマテラスと弟の誕生神話

イザナキの禊《みそぎ》で三貴子が生まれた。

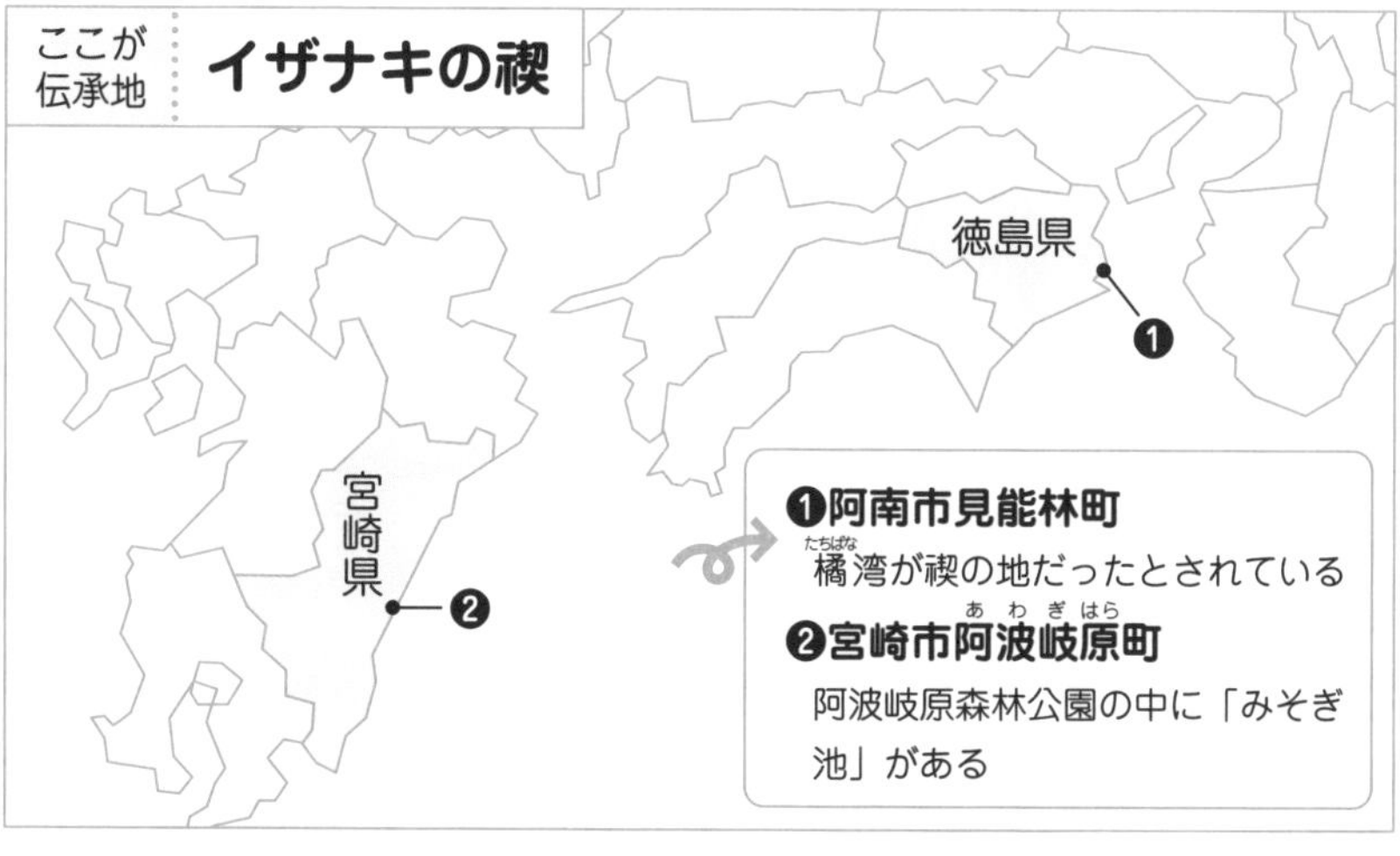

28 アマテラスと三種の神器の関係とは？

天岩戸神話に2つの神器が登場する

泣いてばかりいたため、父のイザナキから地の底の根《ね》の国へ行けと言われたスサノオは、地下の世界に赴く前に、天上界にいる姉のアマテラスに別れの挨拶をしておこうと考えました。

ところが、大地を轟《とどろ》かせて天へ昇ったため、高天原を占領しに来たのではないかとアマテラスに疑われてしまいます。

身の潔白を示そうと、スサノオは神の生み比べ*をしようと提案します。その結果、アマテラスは5柱の男神、スサノオは3柱の女神を生み、スサノオは心が清かったから女神が生まれたのだと言って勝利を宣言します。

勝ったことで驕《おご》り高ぶったスサノオは、神聖な田の畦《あぜ》を壊したり、新嘗祭《にいなめさい》を行なう神殿に糞《くそ》をまき散らしたりと横暴な振る舞いをしました。

ついには、神様の衣を織る忌服屋《いみはたや》に皮を逆剥《さかは》ぎにした馬を投げ入れたため、驚いた織女《しょくじょ》が死んでしまうということが起こり、怒ったアマテラスは天岩戸《あめのいわと》に閉じ籠《こ》もってしまいました。

太陽神が隠れてしまったので、天地はまっ暗になり、さまざまな災いが起こりました。困った神々は相談をして、天岩戸の前で祭りを行なってアマテラスを誘い出すことにしました。

その祭具としてつくられたのが、三種の神器のうちの八咫鏡《やたのかがみ》と八尺瓊曲玉《やさかにのまがたま》だったのです（残りの草薙剣《くさなぎのつるぎ》は次項参照）。

アメノコヤネが祝詞を読み、アメノウズメが桶の上で踊ると、神々がどっと笑いました。おかしいと思ったアマテラスが戸を開けて外を見ようとしたところを、アメノタヂカラオ（天手力男神《あめのたぢからおのかみ》）が腕を取って引き出したのです。そして、フトダマは注連縄《しめなわ》で岩戸を塞ぎました。

用語解説

＊**神の生み比べ**　宣言した通りのことが起こるかどうかで正邪・成否などを占う「うけい」を行なった。

三種の神器のうち２器が登場する天岩戸神話

アマテラスを岩戸から出すために、八咫鏡と八尺瓊勾玉がつくられた。

伝承地は、下記など全国に10カ所以上ある。

❶皇大《こうたい》神社（福知山市大江町）
❷茅部《かやべ》神社（真庭市蒜山）
❸岩戸神社（洲本市先山）
❹天岩戸《あまのいわと》神社（香久山南麓）
❺恵利原《えりはら》の水穴（志摩市磯部町）
❻天磐戸神社（つるぎ町）
❼天岩戸神社（高千穂町）

29 スサノオが日本の結婚第1号って、本当？

スサノオは国津神と結婚した最初の天津神

『古事記』『日本書紀』には、「結婚」という表現が出てきませんので、どれをもって第1号とするかは意見が分かれるところです。

イザナキ・イザナミを第1号と考える方もいるでしょうし、ニニギとコノハナノサクヤビメが第1号という考え方もあると思います。スサノオを第1号とするのは出雲の八重垣《やえがき》神社の説で、それは次のような神話に基づいています。

天上を追放されたスサノオは出雲の肥《ひ》の川（斐《ひ》伊川《いがわ》）の畔《ほとり》の鳥髪《とりかみ》に降下しました。その時、川の上流から箸《はし》が流れてきたので、上流に人家があることを知り、行ってみることにしました。

すると、乙女を間において泣いている老爺《ろうや》と老婆がいました。なぜ泣いているのかと尋ねると、八岐大蛇《やまたのおろち》という8つの頭をもつ巨大な蛇の怪物がいて、毎年1人ずつ娘を喰っていくのだが、今年はこのクシナダヒメ（櫛名田比売《くしなだひめ》）の順番なので泣いているのだ、と答えました。

スサノオはクシナダヒメとの結婚を条件に八岐大蛇退治を引き受け、国津神《くにつかみ》＊である老爺に酒を用意させます。この酒を八岐大蛇に飲ませ、酔ったところを見計らって斬り殺したのです。

この時、尾から剣が出てきました。神聖な剣だと気づいたスサノオは、これをアマテラスに献上することにしました。これが三種の神器の1つ、草薙剣《くさなぎのつるぎ》です。

約束通り八岐大蛇を退治したスサノオは、須賀《すが》という場所に宮を建て、クシナダヒメと住みました。その跡に鎮座しているのが、八重垣神社や須我神社だとされます。

つまり、**スサノオは天津神《あまつかみ》で最初に国津神と結婚し、地上に新居をつくった神様なのです。**

用語解説

＊**国津神**　アマテラスなど天上に住む天津神に対し、地上にいる神様のこと。

出雲に伝わるスサノオと八岐大蛇神話

酔った八岐大蛇はスサノオに切り刻まれた。流れた血で肥の川は赤く染まった。

ここが伝承地　**出雲の大蛇伝説**

❶八重垣神社
大蛇退治後スサノオが夫婦のための宮殿を建てて住んだ。クシナダヒメが大蛇から避難した地とも伝わる

❷斐《ひ》伊《い》川
大蛇の正体だったともされる

❸八本杉
大蛇の頭が埋められ、その上に杉を植えた

❹天が淵
大蛇が住んだ淵

30 出雲の神話だけ特別扱いされるのは、なぜ？

大和朝廷にとって出雲が強敵だったから

ここでいう特別扱いとは、『古事記』『日本書紀』の神話において天皇の祖先神の神話でもないのに、出雲の神話だけが多くのページ数がさかれて掲載されているということです。

『日本書紀』ではそれほどのことはないのですが、**『古事記』では、実に神話のうち4割が出雲の話＊なのです。**

いうまでもありませんが、神話が伝わっていたのは出雲だけではありません。「風土記《ふどき》」は5カ国分しか現存していませんが、それらを見るだけでも、地域ごとに豊かな神話があったことがわかります。

なぜ、『古事記』は出雲神話だけをこれほど〝厚遇〟しているのでしょうか。

それは大和朝廷にとって出雲が最大の強敵だったためです。具体的な記録は残っていませんが、**出雲を朝廷の支配下におくまでには大きな犠牲が払われたことと思われます。克服した敵の強力さを示すために、多くのページが使われているのです。**

同時にそれは、そんな相手を倒した皇祖神の偉大さも示すことになるのです。

さて、『古事記』『日本書紀』の出雲神話は、スサノオの子孫からオオクニヌシが登場するところから始まります。

オオクニヌシはたくさんの兄（八十神《やそがみ》）の迫害を受けますが、根の国でスサノオの試練を受けて強い神様となり、地上の王となります。そして、**スクナビコナ（少名毘古那神《すくなびこなのかみ》）・オオモノヌシ（大《おお》物主神《ものぬしのかみ》）の助けを得て地上を開発します。**

『播磨国風土記』などによれば、医薬のことを人々に広めたともいいます。

用語解説

＊**出雲の話**　『古事記』に載る出雲を舞台とした神話は、『出雲国風土記』には出てこない。大和朝廷の神話、あるいは創作の可能性がある。

出雲周辺を支配したオオクニヌシの神話

◎「因幡《いなば》の白兎《しろうさぎ》」（『古事記』）

八十神たちが因幡のヤガミヒメ（八上比売）に求婚しに行くことになり、オオクニヌシは荷物持ちとして同行。その途中、鮫に毛皮を剥がされた白兎に出会い、八十神たちは嘘を教えて苦しめるが、オオクニヌシは治療法を教える。結局、ヤガミヒメはオオクニヌシを結婚相手に選ぶ。

❶美保《みほ》の岬（松江市美保関町）
スクナビコナと出会った

❷白兎《はくと》海岸（鳥取市白兎）
白兎を助けた

❸稲佐《いなさ》の浜（出雲市大社町）
タケミカヅチが国譲りを迫った

❹出雲大社《いずもおおやしろ》（出雲市大社町）
オオクニヌシの神霊が鎮まる

❺赤猪岩《あかいいわ》神社（南部町）
八十神に殺されるが、蘇った

❻大石見《おおいわみ》神社（日南町）
再び八十神に殺されるが、蘇った

31

なぜ、アマテラスは孫を地上に派遣したの？

——自分に代わって地上を統治させるため

アマテラス・ツクヨミ・スサノオの三貴子が生まれた時、父のイザナキはそれぞれの統治場所を決めています。アマテラスには天上界が割り当てられました。

それ以来、アマテラスは高天原にいて神々を統率していたのですが、ある時、地上は自分の子のアメノオシホミミが統治すべきだと考えます。

少々唐突な感じも受けますが、**地上はイザナキ・イザナミが文字通り生み出したものですから、その正統な後継者であるアマテラスが権利を主張するのは当然のことでしょう。**

しかし、地上はオオクニヌシをはじめとした国津神たちの世界となっていて、アメノオシホミミが降っていっても言うことを聞きそうにありません。

そこで、アマテラスに服従するよう勧告する使者が派遣されることになりました。

ところが、2度にわたって派遣された使者は、いずれもオオクニヌシに懐柔されてしまったのです。そこでアマテラスは、強硬手段に出ることを決め、武神のタケミカヅチ（建御雷神《たけみかづちのかみ》）＊を派遣します。

武力を背景に国譲《くにゆず》りを迫るタケミカヅチに、オオクニヌシの御子神《みこがみ》のコトシロヌシ（事代主神《ことしろぬしのかみ》）とタケミナカタ（建御名方神《たけみなかたのかみ》）は屈服し、オオクニヌシも国譲りを決断します。

これで地上統治の条件はそろったのですが、**アメノオシホミミは、地上の平定を待っている間に子ども（ニニギ）が生まれたので、その子を派遣してほしいと言ったのです。**

こうして、アマテラスの孫（天孫《てんそん》）が天降りをすることになったのです。

用語解説

＊**タケミカヅチ**　『日本書紀』ではフツヌシ（経津主神〈ふつぬしのかみ〉）という武神が派遣されたことになっている。

高天原の勢力を地上に及ぼした天孫降臨神話

◎高天原の血統

降下したニニギは山の神の娘と結婚。子のヒコホホデミ（彦火火出見尊《ひこほほでみのみこと》）と孫のウガヤフキアエズ（鵜葺草葺不合《うがやふきあえずの》命《みこと》）は海の神の娘と結婚。こうして国津神との同盟を強めて基盤を築いていく。やがて、子孫のカムヤマトイワレビコ（神倭伊波礼毘古命《かむやまといわれびこのみこと》）が初代神武天皇として即位することとなる。

❶高千穂町《たかちほ》

降臨したと伝わる山に槵觸《くしふる》神社が建つ。近くには高天原からもってきた水源の天真名井《あめのまない》もある

❷霧島山《きりしまやま》

天孫降臨伝承が伝わる霧島神宮が建つ。高千穂峰山頂にはニニギが突き立てたとされる天逆鉾《あめのさかほこ》がある

32 ヤマトタケルは、なぜ熊襲を討ったの？

まだ反抗的部族が日本各地にいたから

神武天皇は、ニニギ・ヒコホホデミ・ウガヤフキアエズの三代（日向《ひむか》三代という）が住んだ筑紫《つくし》の日向（今の宮崎県あたり）から大和《やまと》まで進軍して、初代天皇として即位しました。

その途上、友好的な部族は大和朝廷の一員として迎え入れ、反抗的な部族は武力制圧しました。

しかし、**反抗する者がいなくなったというわけではなく、歴代天皇はしばしば平定軍を地方に派遣しています。**第10代崇神《すじん》天皇は四道将軍《しどうしょうぐん》と呼ばれる4人の皇族*を四方に送り、反抗勢力の一掃を図っています。

第12代景行《けいこう》天皇の御代《みよ》になってもこうした状況は続いており、天皇は自ら遠征を行なうとともに、皇子のヤマトタケル（倭建命《やまとたけるのみこと》）にも地方の平定を命じたのでした。

ヤマトタケルが最初に討伐に向かったのは、南九州を拠点としていた熊襲《くまそ》でした。

ヤマトタケルは女装して熊襲の宴《うたげ》に忍び込み、族長の兄弟・クマソタケルを殺害しました。ヤマトタケルという名は、この時に弟のクマソタケルから奉られたもので、本名はオウス（小碓命《おうすのみこと》）といいます。

いったん都に戻ったヤマトタケルは、今度は東国への遠征を命じられます。その途上で伊勢《いせ》神宮に立ち寄り、叔母のヤマトヒメ（倭比売命《やまとひめのみこと》）より草薙剣《くさなぎのつるぎ》を授かっています。

草薙剣の霊験や妃のオトタチバナヒメ（弟橘比売命《おとたちばなひめのみこと》）の自己犠牲もあって、ヤマトタケルは遠征を成し遂げ、尾張《おわり》に戻ったところで国造《くにのみやつこ》の娘、ミヤズヒメ（美夜受比売《みやずひめ》）と結ばれました。

しかし、伊吹山《いぶきやま》の神を退治に向かった後、病《やまい》を得て死去したと伝えられます。

用語解説

＊**4人の皇族**　このうち、吉備に派遣された吉備津彦命（きびつひこのみこと）は、桃太郎のモデルとされる。

地方平定のために戦ったヤマトタケルの神話

ヤマトタケルは、熊襲の女たちに混じって宴に潜入。
懐に忍ばせておいた短剣で、相次いで兄弟を刺し殺した。

ここが伝承地　**ヤマトタケルの遠征路**

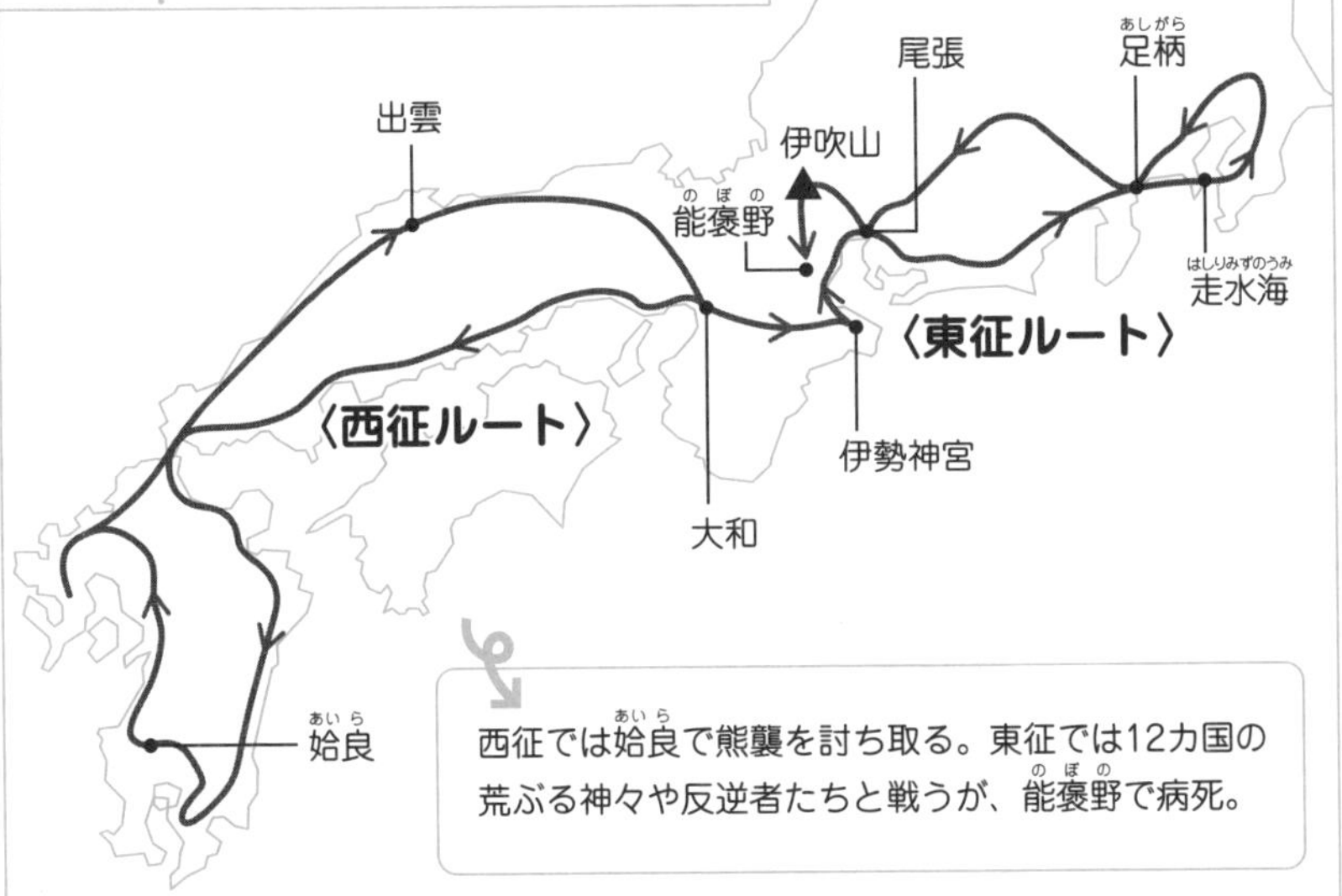

西征では始良《あいら》で熊襲を討ち取る。東征では12カ国の荒ぶる神々や反逆者たちと戦うが、能褒野《のぼの》で病死。

33

神功皇后は、なぜ身重のまま遠征したの？

神様のお告げに従うため

ヤマトタケルは皇位に就くことなく世を去りましたが、御子は即位して第14代仲哀《ちゅうあい》天皇となりました。その皇后が神功《じんぐう》皇后です。

神功皇后は神霊を身体に依《よ》り憑《つ》けてお告げを聞く巫女《みこ》の素質があったらしく、天皇に従って筑紫《つくし》に行った時＊にも、神のお告げを受けています。

この時、天皇は琴を弾き、武内宿禰《たけのうちのすくね》が審神者《さにわ》（神のお告げを判断する役）になって神様に託宣《たくせん》を願いました。

おそらく遠征が成功するかを尋ねたのだと思いますが、現れた神様は「西の方に国がある。金銀珍宝あふれるその国を、お前に服従させてやろう」と言ったのです。

しかし、天皇は偽《いつわ》りを言う神と思い込んで、琴を弾くのをやめてしまいました。このため怒った神様の祟りで命を失ってしまいます。

驚いた神功皇后は国中の清めを行なって神様に詫び、再び託宣を願いました。

すると神様は、「この国はお前のお腹にいる子（のちの応神《おうじん》天皇）が治めることになるだろう」と言い、自らが住吉神《すみのえのかみ》（38項参照）であることを明かしました。そして、遠征に成功するために天地の神を祀るよう教えたのです。

教えの通り祀りを行なって船を乗り出したところ、風と波が船を押して新羅《しらぎ》の中央部まで一気に進軍することができたのです。その勢いを恐れた新羅王は服従することを誓ったといいます。

遠征から戻った神功皇后は無事出産を果たしますが、先に生まれていた仲哀天皇の皇子たちが2人の命を狙って蜂起しました。皇后は子どもは死んだと嘘の噂を流して相手を欺《あざむ》き、油断したところを襲って打ち倒したのでした。

用語解説

＊**筑紫に行った時**　ヤマトタケルの遠征で熊襲は滅んだわけではなく、その後も朝廷に反抗していた。この時も熊襲討伐のための遠征だった。

神功皇后による新羅遠征と出産の神話

出兵中、神功皇后は出産を遅らせるため、腹に石を巻きつけていたという。

❶住吉《すみよし》神社（下関市一の宮）
神功皇后が船を守護してくれた住吉神を祀った

❷爾自《にじ》神社（壱岐市郷ノ浦町）
神功皇后が出兵時に順風祈願をしたとされる東風石がある

❸香椎宮《かしいぐう》（福岡市東区）
神功皇后が新羅征伐の神教を受けた

❹筥崎宮《はこざきぐう》（同上）
神功皇后が後産を箱に入れて埋めた

❺宇美八幡宮《うみはちまんぐう》（宇美町）
神功皇后が応神天皇を産んだ

34

オオクニヌシは神々の王なの？

出雲の神話においては神々の王

八百万の神々の中で一番偉いのはアマテラスだと19項で述べていたのに、オオクニヌシは神々の王とは、どういうことだ、と思われたかもしれません。

アマテラスを最高神とするのは『古事記』『日本書紀』で語られる神話です。オオクニヌシを神々の王とする話は『出雲国風土記』などで語られる出雲の神話でのことです。

その『出雲国風土記』ではオオクニヌシのことを「天下所造《あめのしたつくら》しし大神」と呼んでいます。

「天下を創造した大いなる神様」と理解したくなる表現ですが、**天地を造り出したわけではなく、「大地を開拓した」という意味に解すべきです。**

というのも、『出雲国風土記』には、新羅や隠《お》岐《き》から土地を引き寄せて出雲の〝国土〟をつくったヤツカミズオミツヌ（八束水臣津野命《やつかみずおみつぬのみこと》）*という神様が登場するからです。

オオクニヌシが活躍するのは、ヤツカミズオミツヌが国引きをした後なので、オオクニヌシは出雲の創造には関わっていないのです。

オオクニヌシは、迫害を加えた兄神たち（八《や》十《そ》神《がみ》）を破って神々の王となり、大地を神々や人々が住める場所として開拓しました。ただし、オオクニヌシが支配していたのは地上の神々で、天上の神々には及んでいません。

実は『日本書紀』にも、「オオナムチ（オオクニヌシのこと）とスクナビコナは力を合わせ心を1つにして天下を開発した。人間と家畜の病を治す方法も定めた。また、鳥獣や虫の害を避ける術も考案した。こうしたことから人々は今に至るまでその恩を被っている」と、開拓神として信仰されていたことが記されています。

用語解説

*ヤツカミズオミツヌ　『古事記』のオオクニヌシの系譜に祖父として記載されるオミヅヌ（淤美豆奴神〈おみづぬのかみ〉）と同一の神様ともいわれる。

神話にたくさん出てくるオオクニヌシの称号

オオクニヌシの本来の名前 ＝ オオナムチ	**大穴牟遅神**	読み おおなむちのかみ 意味 大いなる土地の神様

葦原色許男神（葦原醜男）
読み あしはらしこおのかみ
意味 葦原中国（日本）の猛者

八千矛神（八千戈神）
読み やちほこのかみ
意味 強大な武力をもつ神様

宇都志国玉神（顕国玉神）
読み うつしくにたまのかみ
意味 地上を治める神霊

大国主神
読み おおくにぬしのかみ
意味 大いなる国の主

＊上の４つは偉大な王であることを示すもの。

天下所造しし大神
読み あめのしたつくらししおおかみ
意味 大地を開拓した大いなる神様

幽冥主宰大神
読み かくりごとしろしめすおおかみ
意味 幽冥界を主宰する大いなる神様

わしの別名はまだあるが載せきれんわい！
どうだ参ったか！
スゴい

35 稲荷神と八幡神は、なぜ記紀に登場しない？

——記紀編纂期には知られていなかったから

神社の数を正確に数えるのは難しいのですが、稲荷神《いなりのかみ》と八《や》幡神《はたのかみ》を祀る神社が圧倒的に多いということは異論がないでしょう。それにも関わらず、稲荷神も八幡神も『古事記』『日本書紀』には登場しません。なぜでしょうか。

理由は簡単です。『古事記』『日本書紀』の編纂者がそれらの神様を知らなかったからです。

稲荷信仰は、京都南部の伏見《ふしみ》にある稲荷山《いなりやま》を根本聖地としています。

『山城《やましろ》国風土記』によれば、昔、秦《はた》氏*の先祖の秦伊呂巨《はたのいろこ》が餅《もち》を的にして矢を射たところ、餅の的は白い鳥に変じて稲荷山に飛び去ってしまい、そこに稲が生えたといいます。

ここに創建されたのが、稲荷信仰の総本宮である伏見稲荷《ふしみいなり》大社です。

伏見稲荷大社の記録によれば、この事件が起こったのは711（和銅4）年だとします。この年は元明《げんめい》天皇が太安万侶《おおのやすまろ》に『古事記』の編纂を命じた年です。仮にこの事件が事実だとしても、太安万侶の耳には届いていなかったでしょう。

一方、八幡神の神霊が大分県の宇佐《うさ》に鎮座したのは神代に遡るとされ、朝廷にその名が知られるようになるのは、その神威で隼人《はやと》の乱を鎮めた720（養老《ようろう》4）年以降のことです。**この年は舎人《とねり》親王らが『日本書紀』を元正《げんしょう》天皇に撰上（編纂した本を献上すること）した時期に当たります。**

なお、『古事記』『日本書紀』は神武天皇が東征の途上で宇佐に留まったことを記しています。宇《う》沙都比古《さつひこ》・宇沙都比売《うさつひめ》が宮をつくって天皇に奉ったとありますが、この宇沙都比古が宇佐神宮を奉《ほう》斎《さい》した宇佐氏の祖先です。

用語解説

＊**秦氏**　中国系渡来人の氏族。秦の始皇帝を祖とする弓月君（ゆづきのきみ）の子孫とされる。

記紀編纂後、稲荷神と八幡神は知名度を上げた

◎伏見稲荷大社略史 ——平安期の隆盛まで

711（和銅４）年	秦伊呂巨《はたのいろこ》、稲荷山に神様を祀る
827（天長４）年	東寺の塔建設のため稲荷山の木を切ったところ淳和《じゅんな》天皇が健康を害す。よって従五位下の神階を授ける
10世紀末頃？	清少納言、初午の日に伏見稲荷参拝
10世紀末頃	稲荷大神に対し正一位が授けられる
1072（延久４）年	後三条天皇、稲荷神へ行幸

平安期以降、東寺との関係を深め、寺院に信仰されるようになり、やがて各地の田の神信仰と習合して地方にも広まる。

◎宇佐神宮略史 ——東大寺に勧請されるまで

＊宇佐神宮ホームページより抜粋

上代	市杵嶋姫《いちきしまひめ》命・湍津姫《たぎつひめ》命・田霧姫《たぎりひめ》命の三女神、宇佐嶋に天降る
上代	宇佐国造の祖天三降《あめのみくだり》命、天孫降臨に供奉する
526（継体天皇20）年	猛覚魔卜仙《もうかくまぼくせん》、求菩提山《くぼてさん》を開く
571（欽明天皇32）年	八幡神顕現し、大神比義《おおがのひぎ》が祀る
712（和銅５）年	鷹居社《たかいのやしろ》を造り、八幡大神を祀る
716（霊亀２）年	八幡大神を小山田社に移し祀る
720（養老４）年	豊前国守宇努首男人《うののおびとをひと》、将軍として八幡神を奉じ、大隅・日向の隼人《はやと》を攻め、のち和間《わま》の浜で放生会を始める
748（天平20）年	東大寺、八幡神を勧請する（現手向山《たむけやま》八幡宮）
749（天平21）年	聖武天皇、東大寺建立のため八幡宮に祈り、神託により黄金出土する

奈良時代、東大寺の大仏建立に助力すると託宣したことから朝廷の信仰を受ける。平安期以降は、平安京近くの石清水八幡宮に勧請され、応神天皇を祀る皇室の祖廟として崇敬を集めるようになった。

朝廷に注目されたあとは急速に信仰が広まったんだね

36

菅原道真は、なぜ天神様になったの？

天満大自在天神という神号を得たから

学問の神といえば、誰もが天神様《てんじん》こと菅原道真《すがわらのみちざね》公（845〜903）のことを思い浮かべるでしょう。

でも、なぜ菅原道真公のことを「天神」と呼ぶのでしょうか。

その説明をする前に、菅原道真公の生涯を簡単に振り返っておきましょう。

道真公は学問によって出世した方です。宇多天《うだ》皇に抜擢されて政治の中枢を担うようになり、醍醐天《だいご》皇の御代《みよ》に右大臣となりました。

しかし、醍醐天皇を欺いたという罪をきせられて太宰府《だざいふ》に左遷となり、悲憤を抱いたまま59歳で没しました。

その直後から、藤原時平《ふじわらのときひら》などの道真公左遷に関わった人たちや醍醐天皇の皇子などが相次いで死去し、道真公の祟《たた》りではないかと噂されました。このため朝廷は道真公の地位を右大臣に戻し、正二位に叙しました。

しかし、930（延長8）年には、清涼殿《せいりょうでん》に雷が落ちて公卿《くぎょう》・官人《かんにん》が死去するという前代未聞の災害が起こり、醍醐天皇も崩御されるに至って、道真公を畏《おそ》れ敬う風潮が広まりました。

そんな中、右京七条《うきょうしちじょう》に住んでいた多治比文子《たじひのあやこ》という巫女に託宣があり、火雷神《ほのいかづちのかみ》という雷神《らいじん》の祭祀が行なわれていた京の北野＊で道真公が祀られるようになりました。

また、道真公の墓所に寺院が建てられた太宰府でも道真公を神様として祀るようになり、のちに神社に発展しました。

こうした中で道真公の神号として用いられたのが天満大自在天神《てんまんだいじざいてんじん》だったのです。この神号の最初と最後の文字から天神と呼ばれたのです。

用語解説

＊**京の北野**　この地はのちに朝廷からも祭祀を受けるようになり、北野天満宮と呼ばれるようになった。

天神信仰の成立・成熟の流れ

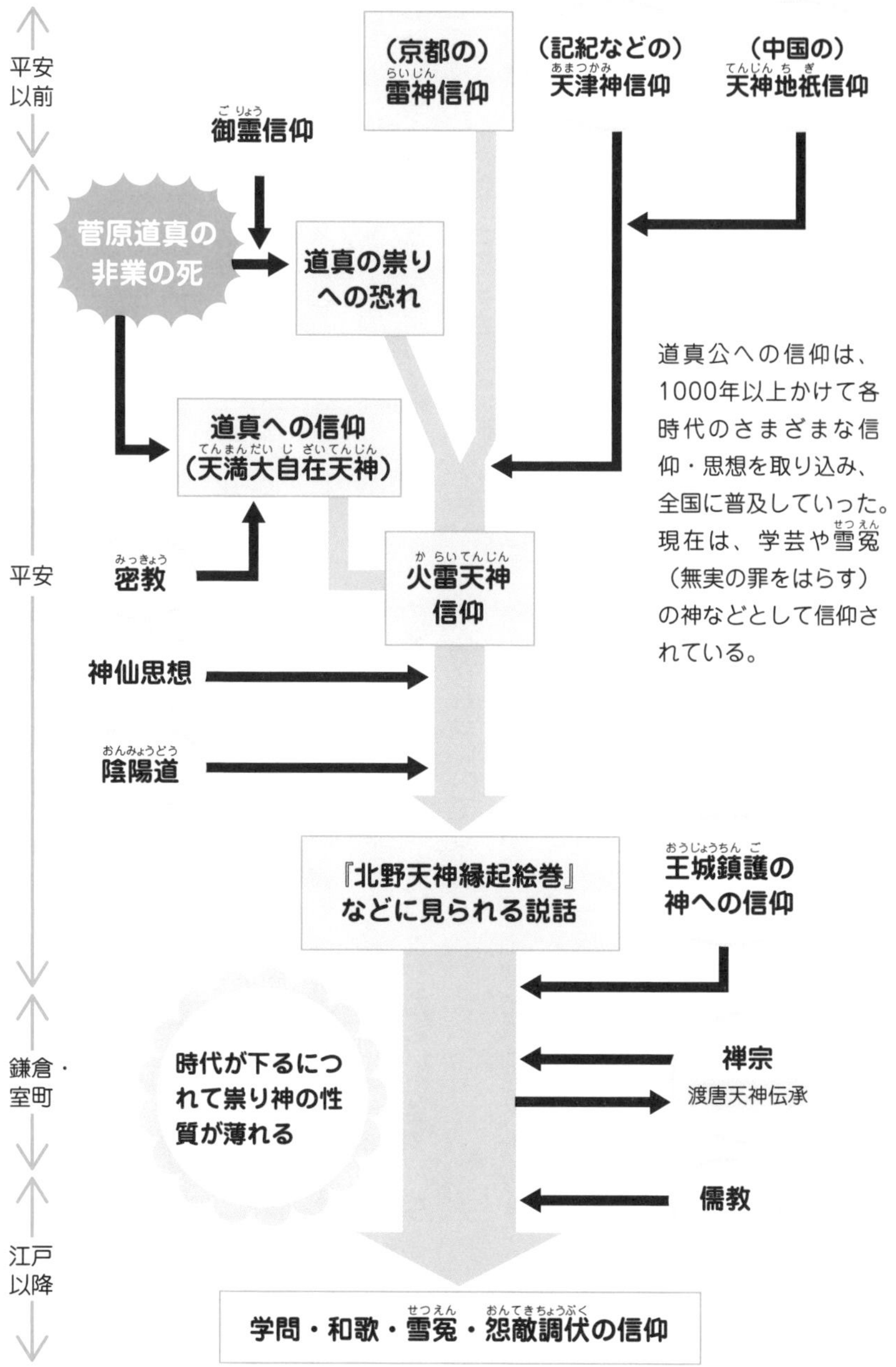

道真公への信仰は、1000年以上かけて各時代のさまざまな信仰・思想を取り込み、全国に普及していった。現在は、学芸や雪冤《せつえん》（無実の罪をはらす）の神などとして信仰されている。

37

エビスは、ヒルコか？ コトシロヌシか？

もとはどちらとも違う神様だった

エビス様のことは、ご存じでしょうか。

エビスは漢字では、恵比寿・恵比須・夷・戎などと書きます。関東以北に住んでいた朝廷に服さない部族の意味で使われることもあります（この意味のエビスはエミシから訛《なま》ったものとされる）が、宗教においては大黒天《だいこくてん》と並ぶ代表的な福神《ふくじん》のことをいいます。

福神は文字通り福を招く神様のことで、なかでもエビスは、豊漁や商売繁盛を招く神様として広く信仰されています。

しかし、エビスという名前の神様は『古事記』『日本書紀』にも各国の「風土記」にも登場してきません。毘沙門天《びしゃもんてん》や福禄寿《ふくろくじゅ》＊のような仏教や道教から取り入れられた神様ではなく、日本固有の神様であることは疑いありませんが、その正体については不明な点が少なくありません。

『古事記』『日本書紀』には、別の名前で登場していたとする説もあります。**兵庫県の西宮《にしみや》神社（西宮市社家町）ではイザナキ・イザナミの御子神《みこがみ》のヒルコだとしていますし、島根県の美保《みほ》神社（松江市美保関町）はオオクニヌシの御子神のコトシロヌシだといいます。**どちらが正しいのでしょうか。

エビスは、もともと漁師の間で信仰された神様でした。海の向こうからやって来て豊漁をもたらすと信じられていました。

ヒルコは、足腰が立たないということで海に流されたと記紀神話は語りますので、それが西宮まで流れてきて鎮座したと西宮神社はするのです。

一方、コトシロヌシは、国譲りの際に美保で漁をしていたと記紀神話にあるので、美保神社は漁の神であるエビスと同一とするのです。

用語解説

＊**福禄寿**　七福神の一神。もとは道教の神で頭が長いのが特徴。幸福・財産・長寿を授けるという。

エビス・ヒルコ・コトシロヌシの類似性

エビス
《漁業神》

特質

・海の向こうから漂着する神様

・市場で祀られて商業の神となる

・七福神の一神（大黒天〈オオクニヌシ〉と対で祀られることも多い）

烏帽子と狩衣を着た姿は、室町時代の身分の高い人の姿を表わしたもの。

ヒルコ
《イザナキ・イザナミの子》

特質

・足腰が立たない子として誕生。子の数に入れられず海に流される

・「ヒルコ」は「太陽の子」とも読める。このことから、貴種漂流譚（高貴な生まれの子がさすらいの運命にみまわれ、尊い存在になる物語の類型）にあてはめられる

海でつながってエビスと同一視

コトシロヌシ
《オオクニヌシの子》

特質

・国譲りの際、美保の岬で釣りをしていた

・八《や》尋《ひろ》和《わ》邇《に》（大きな鰐《わに》、あるいは鮫《さめ》）となって女性と結婚し、神武天皇の皇后となる娘を生んだ

38

ワタツミ・住吉神・宗像神は、どう違うの？

海を統治する神と航海の神の違いがある

『古事記』『日本書紀』の神話にはワタツミ・住《すみの》吉神《えのかみ》・宗像神《むなかたのかみ》という海の神が登場します。これらの神は、今も神社で祀られて信仰されています。

この3種の神様はどう違うのでしょうか。

簡単に言うと、ワタツミは海を統治する神、住吉神と宗像神は航海を守ってくれる神様です。

ワタツミと住吉神はイザナキが海で禊《みそぎ》をした時に生まれました。*

海の底にもぐった時にソコツワタツミ（底津綿津見神）とソコツツノオ（底筒之男命）、海中でナカツワタツミ（中津綿津見神）とナカツツノオ（中筒之男命）、海面でウワツワタツミ（上津綿津見神）とウワツツノオ（上筒之男命）が生まれたとされます。

一方、宗像神はアマテラスとスサノオがうけいという占いをした時に生まれました。

ワタツミは海を統治している神様と考えていいでしょう。それは、ヒコホホデミ（山幸彦《やまさちびこ》）がなくした兄の釣り針を求めてワタツミの宮を訪れた時、海の魚たちをすべて集めて釣針のことを尋ねていることからもわかります。

これに対して、**住吉神は神功皇后が新羅に遠征した時にこれを助けた神様なので、航海を守るといっても軍船の守護が中心だったと思われます。**

宗像神は誕生した時に、アマテラスから「お前たち3柱の神は道の中（海上交通の要所）に下って、天孫《あめみま》（天皇のこと）を助け、天孫に祀られなさい」と言われていることからもわかるように、**海上交通、とくに海外航路の安全を守る神様だということがわかります。**遣唐使《けんとうし》も宗像大社を参拝してから海を渡りました。

用語解説

*****禊をした時に生まれた**　イザナキ・イザナミが神生みをした時にもオオワタツミという神様が生まれている。ワタツミとの関係は不詳。

ワタツミ・住吉神・宗像神

◎三柱一組の海の神たち

	ワタツミ （綿《わた》津《つ》見神《みのかみ》）	住吉神《すみのえのかみ》	宗像神《むなかたのかみ》
神名	上《うわ》津《つ》綿《わた》津《つ》見神《みのかみ》 中《なか》津綿津見神 底《そこ》津綿津見神	上《うわ》筒《つつ》之《の》男命《おのみこと》 中《なか》筒之男命 底《そこ》筒之男命	田《た》心《ごり》姫命《ひめのみこと》 湍《たぎ》津《つ》姫命《ひめのみこと》 市《いち》杵《き》嶋姫命《しまひめのみこと》
誕生	イザナキが禊をした時	同左	アマテラスとスサノオが「うけい」をした時
神格・功績	ヒコホホデミの妃とウガヤフキアエズの妃の父	神功皇后の新羅遠征を守護	アマテラスから海上交通の要に鎮座し、安全を守れと勅命を受ける
信仰・御神徳	筑前発祥の海神族の阿曇（安曇）氏が信仰。その支族が移住した信濃国の安曇野などの地でも祀られる。海一般の神とされる	神功皇后の遠征の帰路に沿って瀬戸内海に面した地域で信仰が篤い。軍船の守り神として信仰を集めた。後世に商業や和歌の神としても信仰される	玄界灘に祀られ、遣唐使から航海の守り神として信仰を集めた。また、鎮護国家・皇室守護・豊漁などの御神徳も信仰される
神社	志賀海神社（福岡市東区）、穂高神社（長野県安曇野市穂高）、全国の綿津見神社・海神社など	住吉大社（大阪市住吉区）、全国の住吉神社、など	宗像大社（福岡県宗像市田島）、全国の宗像神社・厳島神社など

いずれの神様も３柱で１つの神格をなす。
それぞれに名前はついているが個性はなく、
一体として活動する。

ゼウス・ポセイドン・ハデスは、それぞれ天・海・地下を司る。
三柱一組の神はギリシャ神話にも多数登場するよ

COLUMN

意外に長い！　おみくじの歴史

古代の日本人は、さまざまな方法で神意を知ろうとしました。亀の甲羅《こうら》や鹿の骨を焼いてみたり、聖なる寝床《ねどこ》で眠って神のお告げを待ったり、お粥《かゆ》に細い管を入れて米粒がどれだけ入るかを見たりなど、いろいろな手段が試みられました。おみくじもその1つです。

そのもっとも古い事例は、『日本書紀』の斉明天《さいめいてん》皇4年（658年）11月3日の条に載せられている有間皇子《ありまのみこ》（斉明天皇の弟の孝徳《こうとく》天皇の皇子）の謀反《むほん》の記事でしょう。そこには、有間皇子や蘇我赤兄《そがのあかえ》らが「短籍《ひねりぶみ》」を取って謀反の成否を占ったとあります。

この記述だけでは具体的な形状や方法はわかりませんが、成功・失敗を表す文字か記号を書いた小さな紙片（布片）をいくつかつくって、その中から無作為に拾った（静電気で御幣に吸いつける方法もある）紙片にどちらが書いてあるかをみて、運勢を判断したのでしょう。

室町時代には、将軍の後継者選びにも籤《くじ》が使われています。

現在普及している漢詩、または和歌が書かれているおみくじは「元三大師百籤《がんざんだいしひゃくせん》」（観音籤《かんのんくじ》）がもとになっています。これは五言絶句《ごごんぜっく》百首からなる籤で、平安時代、元三大師良源《りょうげん》（天台宗の高僧）がつくったものとされています。

江戸末期になると、国学の発達・普及の影響もあって、漢詩に代えて和歌を掲載したおみくじが登場します。

明治以降は、漢詩より和歌のほうがわかりやすいこともあって、「和歌みくじ」を採用する社寺が増えていきました。

第3章

神社の謎

——聖地に秘められた伝統の知恵

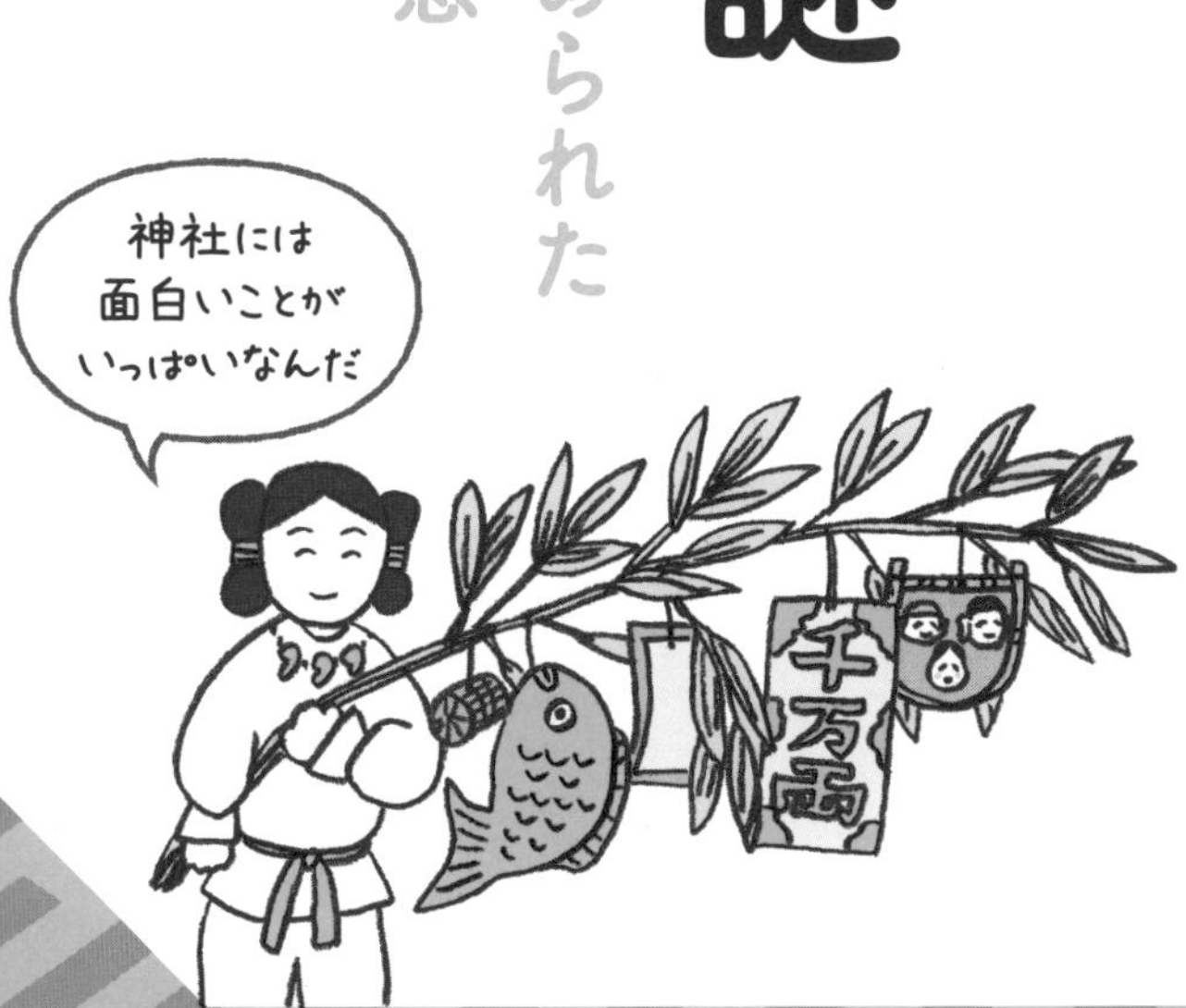

神社には面白いことがいっぱいなんだ
千万両

39

神社とお寺は何がどう違うの？

神社は神様のため、お寺は人のための場所

ごく稀《まれ》に、神社とお寺を混同されている方を見かけます。神社の境内で「いいお寺だなあ」と言ったり、本殿のことを本堂と呼んだり、お寺でも柏手《かしわで》＊を打ってみたり……。

明治はじめに神仏分離《しんぶつぶんり》が行なわれ、神社とお寺は明確に区別すべきものとされましたが、**なにしろ神仏習合《しんぶつしゅうごう》は1000年以上の歴史がありますので、今もその名残りが社寺の様子にあって、紛らわしい面があることは事実です。**

筆者自身、「あれ、ここはどっちだっけ？」と思う神社・お寺をお参りしたことがあります。

しかし、神社とお寺とでは、根本的に違うものなのです。

ともに神聖な場所ですので、私たちは安易に「社寺」「寺社」と一括《ひとくく》りにしがちですが、まったく性質が異なる場所なのです。

では、神社とお寺はどう違うのか。簡単にいうと、**神社は神様のための場所であるのに対し、お寺は人のための場所なのです。**

お寺はもともと出家者が共同で修行をする場所でした。釈迦《しゃか》が在世の頃はその指導を受け、没後は修行経験が長い者が浅い者を導いて、共に悟りを目指していました。

やがて釈迦に対する信仰が広まり、釈迦の像などを礼拝する場所へと変わっていったのです。

これに対して神社は神様をお祀《まつ》りするための場所です。**境内にある建物や神宝、祭具などは、神様に快適にいていただくためのものといえます。**

いい換えれば、神社は神様のお屋敷・宮殿のようなものです。ですから、参拝は神様に拝謁《はいえつ》を願うようなものといえます。身だしなみを整え、お清めをするのは当然のことなのです。

用語解説

＊**柏手**　参拝するとき、両手を合わせて音を立てる作法。二拝二拍手一拝の「二拍手」の部分。

神社とお寺には、まったく異なる意義がある

神社

神様のための場所

＝お祀りする神様に捧げられた場

主な建造物　**神様の住まいとしての神殿**

神仏習合で両方の要素が混ざり合う　→　明治時代に神仏分離

歴史の長い社寺では
神仏習合の名残りが
発見できることがあるよ

お寺

人が修行するための場所

＝悟りを求める人のための修行場

主な建造物　**悟りに達した仏、理想の菩薩を讃えるための堂塔**

40 神社では、どこを見物すればいいの？

少し知識をつければ、境内全部が見どころになる

白状しますと、私は若い頃、神社はお寺のように仏像を安置していないし、社殿の中には入れないからつまらないと思っていました。

しかし、いくつもの神社をめぐっていくうちに、その魅力・面白さに気づいてきました。今では、どんなに小さな神社でも近くを通りがかったら、お参りせずにはいられません。

神社がお寺より見どころが少ないように思えてしまうのは、1つには神社が神様のための場所であることに由来しています（前項参照）。

たとえば、参拝者が目にする拝殿は装飾性が少ない質素な建築とされることが多いのですが、御神体が奉安される本殿は精緻な彫刻がなされたり、極彩色《ごくさいしき》に彩られていたりします。

このように神社のことを少し知っておくと、その境内は見どころがいっぱいだとわかります。

たとえば社殿の形。神明《しんめい》造《づくり》・大社《たいしゃ》造《づくり》・春日《かすが》造《づくり》＊など、社殿建築にはさまざまな様式があります。これはお寺にはない神社の特徴です。

その神社はどんな様式なのか、近所の神社と同じなのか比べてみるのも面白いです。鳥居《とりい》の形も種類が多く、要注目です（44項参照）。

神社には仏像はありませんが、彫刻がないわけではありません。社殿の壁や梁《はり》の上などに彫刻がされていることが少なくありません。

龍などの霊獣、十二支、御祭神の神話、中国の故事などテーマもさまざまです。

狛犬《こまいぬ》の形・姿にもバリエーションがあり、狐《きつね》などの神使《しんし》の像が置かれることもあります。

摂社《せっしゃ》・末社《まっしゃ》にどのような神様が祀られているのか、石灯籠《いしどうろう》などの奉納者や年代、それらから神社や地域の歴史が垣間見えることもあります。

用語解説

＊**神明造・大社造・春日造**　神明造は伊勢神宮正殿、大社造は出雲大社本殿、春日造は春日大社本殿が代表例。

境内には、さまざまなものが配置されている

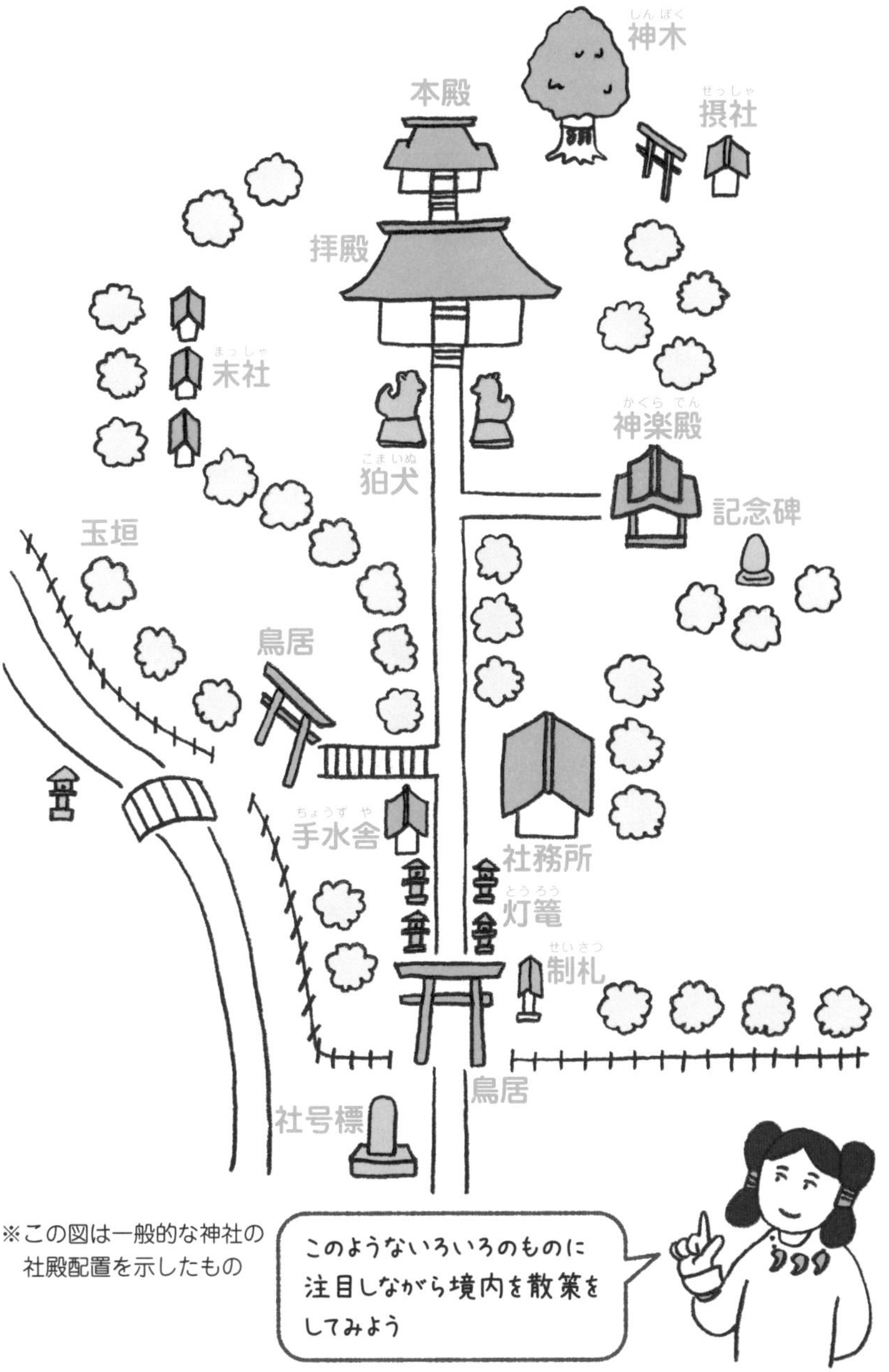

※この図は一般的な神社の
社殿配置を示したもの

41

本殿や拝殿がない神社があるって、本当？

本殿や拝殿を必要としない神社がある

結論から先にいってしまえば、本殿がない神社、拝殿がない神社、いずれもあります。

神社の規模が小さいため拝殿がつくれないとか、経営難のために本殿が再建できないといったことではなく、由緒ある規模の大きな神社でありながら本殿や拝殿をもたない神社があるのです。

本殿をもたない神社の代表例が、奈良の大神神社《おおみわ》と埼玉の金鑚神社《かなさな》です。拝殿をもたない神社では、伊勢神宮があげられます。

大神神社や金鑚神社が本殿をもたない理由は明快です。どちらも御神体《ごしんたい》が山なのです。本殿は御祭神の神霊が宿る御神体を奉安《ほうあん》するための建物ですが、**山を社殿に入れるわけにはいきませんし、山を覆うような建物も建てられませんので、本殿はないわけです。**

これは聖なる山に向かって祭祀を行なっていた時代の信仰を残しているものと思われます。かつてはこのような神社が日本の各地にありました。

本殿がない神社が減ったのは、山から境内に神霊を遷《うつ》してお祀りするようになった神社が多かったためと考えられます。

境内に神霊を招いていれば、いつでも直接お祀りができますし、山を登って祭祀を行なう必要もないからです。また、聖なる山に対する信仰の変化も背景にあるでしょう。

一方、拝殿をもたない神社は、神社は神様のための場所という考え方に基づいていると思われます。建物の中から礼拝するのは畏《おそ》れ多いというわけです。

実は仏教伝来当時のお寺*でも、金堂《こんどう》（本尊を安置する建物）は仏様だけの場所で、法要を行なう僧以外は堂の外から礼拝していました。

用語解説

*仏教伝来当時のお寺　たとえば奈良県斑鳩（いかるが）町の法隆寺など。

本殿がない神社の神様は自然の中に住む

山や滝などを御神体とする神社は、本殿をもたないことがある。

山が御神体

滝が御神体

自然に向かって祭祀を行なう古代のスタイルをそのまま伝えている神社も、本殿がないことがある。

昔ながらの斎場

42

奥宮って、何であるの？

神様は山の奥から下界に下りてくるから

たとえば、越後《えちご》の霊峰・弥彦山《やひこさん》山麓に鎮座する彌彦《いやひこ》神社は、標高634メートルの弥彦山山頂に伊夜日子大神《いやひこのおおかみ》と妃神《きさきがみ》・妻戸大神《つまどのおおかみ》を祀る御神廟《ごしんびょう》（奥宮《おくみや》）をもっています。また、津軽の霊山・岩《いわ》木山《きさん》山麓に鎮座する岩木山《いわきやま》神社も、標高1625メートルの山頂に奥宮があります。

このような名のある霊峰に鎮座する神社ばかりではなく、山麓や中腹に鎮座する神社では、山頂付近に奥宮をもっているところが少なくありません。なぜでしょうか。

これは神様が山頂、あるいは天上から山頂を経由して下ってくると信じられていたことに由来します。

古来、日本人は山を神様の領域と考えていました。弥彦山や岩木山、富士山のような霊峰は山自体が聖域であり、神様であると考えられていましたが、里近くの普通の山でも神様がおられると考えられているところは多くありました。

そうした神様は、春になると、里に下りてきて田の神となって実りをもたらし、収穫が済むと、また山に戻る＊**と信じられていました。**

こうした神様の移動に合わせて社殿がつくられたのです。

実は海辺にも似たような信仰があります。**海辺では神様は山から下りてくるのではなく、海の向こうからやって来ると信じられました。**この神様を迎え祀るため、浜近くに本殿を建てるとともに、沖の島にも神社がつくられました。

こうした神社では、浜から沖の島へ、御神輿《おみこし》を乗せた船を巡幸《じゅんこう》させる祭りが行なわれたりします。神様が人々のところに訪れてくるさまを再現しているわけです。

用語解説

＊**春になると～山に戻る**　すべての山の神がこのように移動するわけではない。一部の農村部でこうした信仰が伝えられている。

神様は奥のほうの聖地からやって来る

奥宮の神の往還

奥宮の神は、春に里宮に下って田の神となり、祭礼の日には神輿に乗って田の宮へと旅をする。秋の収穫後には山に帰る。

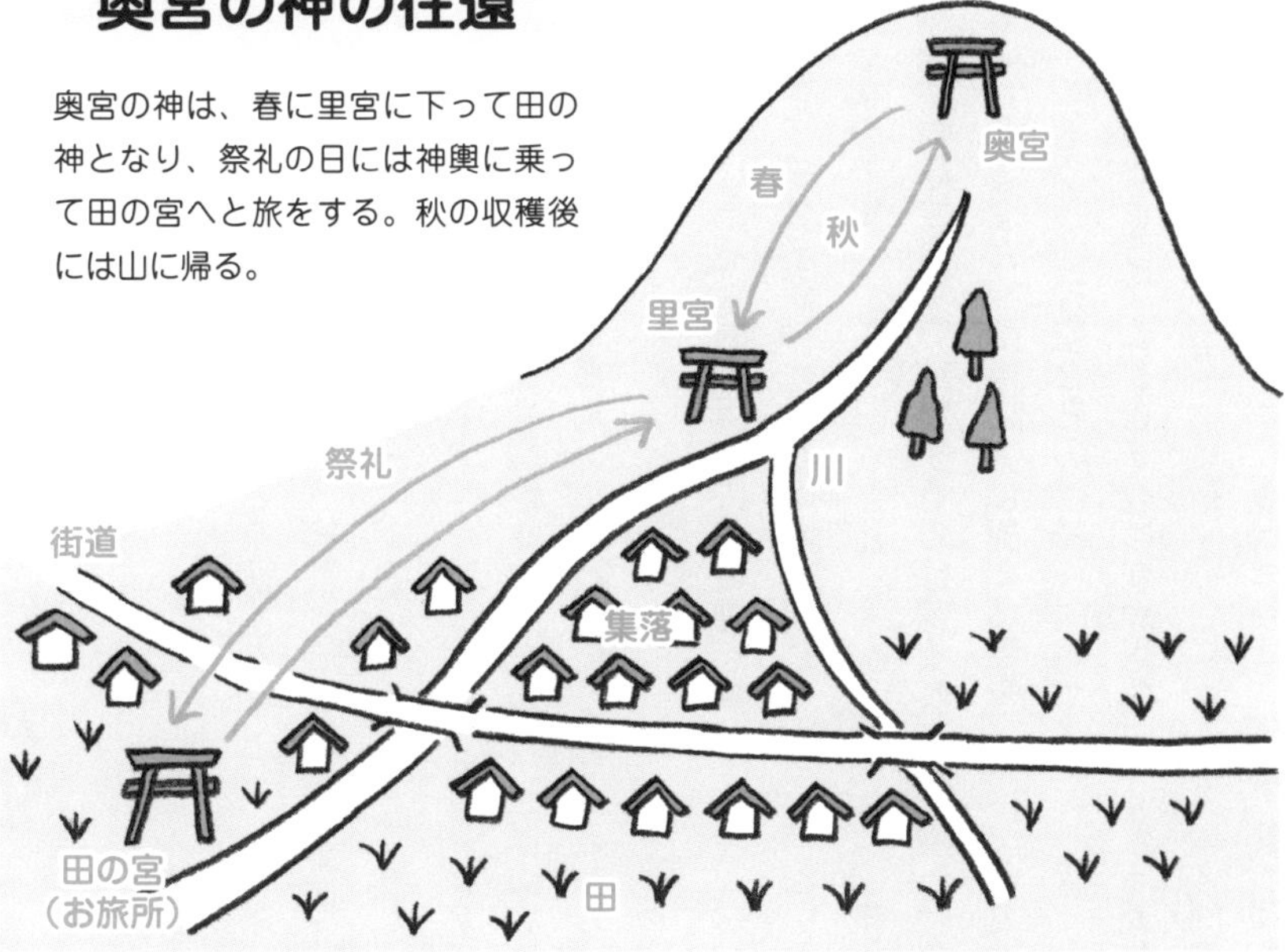

鎌田東二監修『すぐわかる日本の神々』（東京美術）を参考に作図

●海の場合は…

海辺の神社では奥宮の代わりに、沖の島に社がつくられることがある。

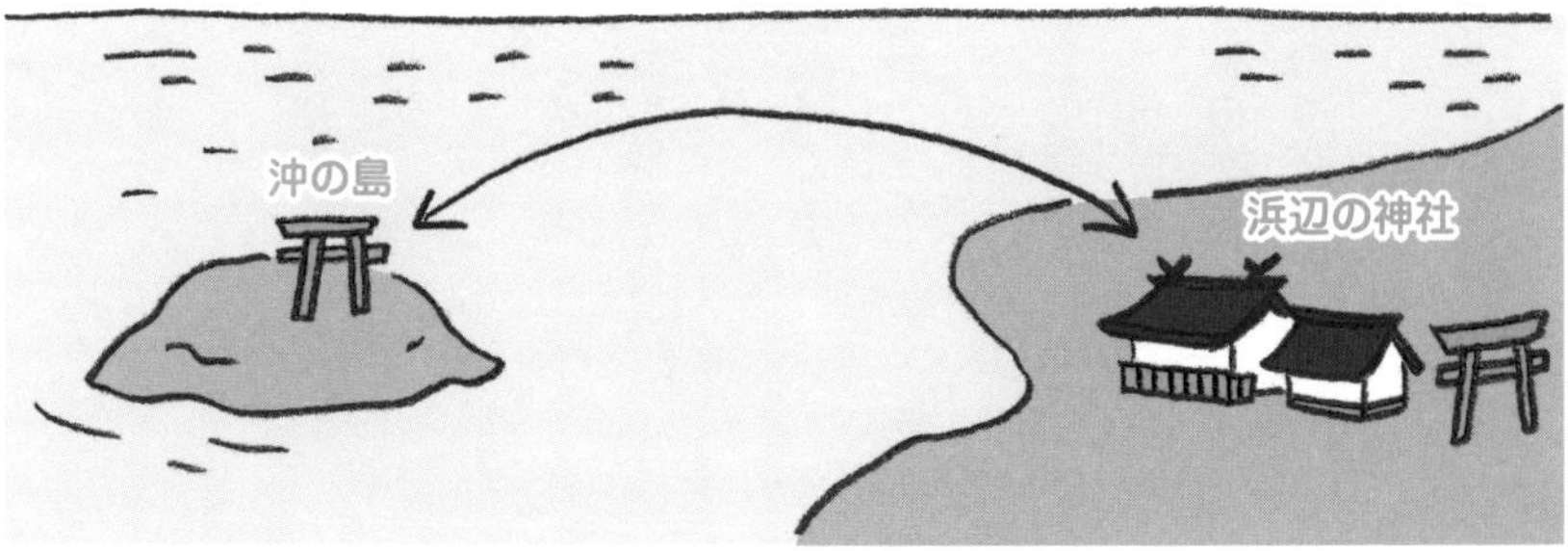

43

岩や木に注連縄が張ってあるのは、なぜ？

神様の領域のものであるから

注連縄《しめなわ》は神聖な場所や物であることを示すために張り渡す縄で、締縄、標縄、一五三縄、七五三縄、〆縄とも書きます。藁《わら》をなってつくり＊、垂《し》紙《で》という段々に折った白紙を下げます。

注連縄で区切られた場所や注連縄が巻かれたものは神聖なものですから、立ち入ったり触れたりしてはいけません。

神社の境内などにある大岩や巨木に注連縄が張られているのも、それらが神聖なものだと信じられているからなのです。

神聖な場所や物を注連縄で結界《けっかい》するのは、それらを穢《けが》さないためですが、同時に人に対する警告でもあります。そうした神聖なものは神様に属するものなので、穢すようなことをすれば罰《ばち》が当たるからです。

でも、なぜ大岩や巨木が神聖なのでしょう。

『古事記』の意義を再発見してその後の神道に大きな影響を与えた江戸後期の国学者・本居宣長《もとおりのりなが》は、こんなことを書いています。

「人のことはいうまでもなく、鳥獣木草《ちょうじゅうもくそう》の類《たぐい》、海山など、何であれ常識を超えてすぐれて徳があるもの、立派なものを神という。『すぐれて』とは尊いこと、善いこと、武勇あることだけではなく、悪しきこと怪しいことも、世にも稀《まれ》なものは神という」

つまり、人間の常識を超えるようなものは岩も木も、みんな神様だというのです。

それは神社に祀られる神様とは違うものかもしれませんが、人間を越えた神様の領域の存在といえるでしょう。

人間の価値観で判断をせず、そうした「神」は畏《おそ》れ敬うというのが、神道の考え方なのです。

用語解説

＊**藁をなってつくる**　注連縄の形は地域によって異なる。一方が太く片方が細いものは大根締めという。

不思議なものには「神」が宿る

神道では、これらの特徴をもつものは神様の領域にある。みだりに触ったり汚したりすることを忌む。

とても古いもの

樹齢が高い木など。

御祭神ゆかりのもの

御祭神が植えたと伝わる木など。

並外れて大きいもの

巨岩や巨木など。

変わった形のもの

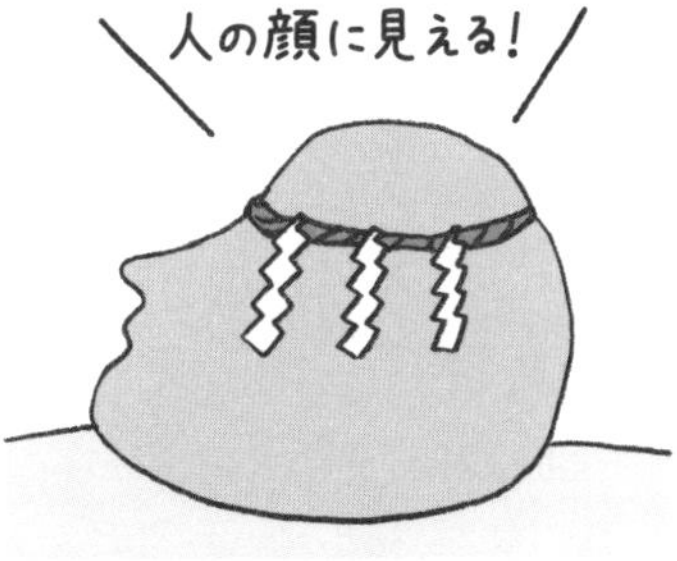

奇岩や奇木など。

44 鳥はいないのに、なぜ鳥居というの？

鳥居は語源も起源も定かになっていない

鳥居は神社のシンボルのようなものです。鳥居が立っていれば、社殿がなくても、そこが神様を祀る場所だということがわかります。また、社殿が現代建築であっても、鳥居があれば、神社だと気づくことができます。

ですから、神社を表す地図記号が鳥居＊であるのは、実に理にかなったことだと思います。

しかし、鳥居がいつから神社で用いられているのか、なぜ鳥居というのかといったことはわかっておらず、その起源は謎に満ちています。

鳥居の起源がわからないのは、木造が多いため古い遺構が残りにくいことに加え、ごく当たり前に用いられてきたものなので、記録にも残っていないということがあります。

現存最古の鳥居は山形県最上《もがみ》地方にある石造のもので、平安後期に建てられました。ここから平安時代には、今と同じ形式の鳥居があったことがわかりますが、それ以前のことは不明です。

インドのトラーナという門や中国の華表《かひょう》という標識が日本に伝わったという説もありますが、立証されていません。

諏訪《すわ》大社の御柱祭《おんばしらさい》のような柱を立てる儀礼に起源を求める説もありますが、鳥居は簡易な構造ではあっても柱ではなく建築物ですし、俗界と神域を結界する役目を果たしていますので、立柱《りっちゅう》儀礼とは区別して考えるべきでしょう。

神話や古墳の壁画などから、古代の日本人は死者の霊が鳥の姿になると考えていたことがわかっていますが、鳥居はそうした鳥の姿の霊を止めるためのものだと考える説もあります。

たしかに鳥が止まりやすい形で、名前も「鳥が居る」ですが、この説も決め手に欠けます。

用語解説

＊**地図記号が鳥居**　江戸時代の地図でも神社を鳥居で示すことがあった。

神社では、鳥居の形状にも注目

各部の名称

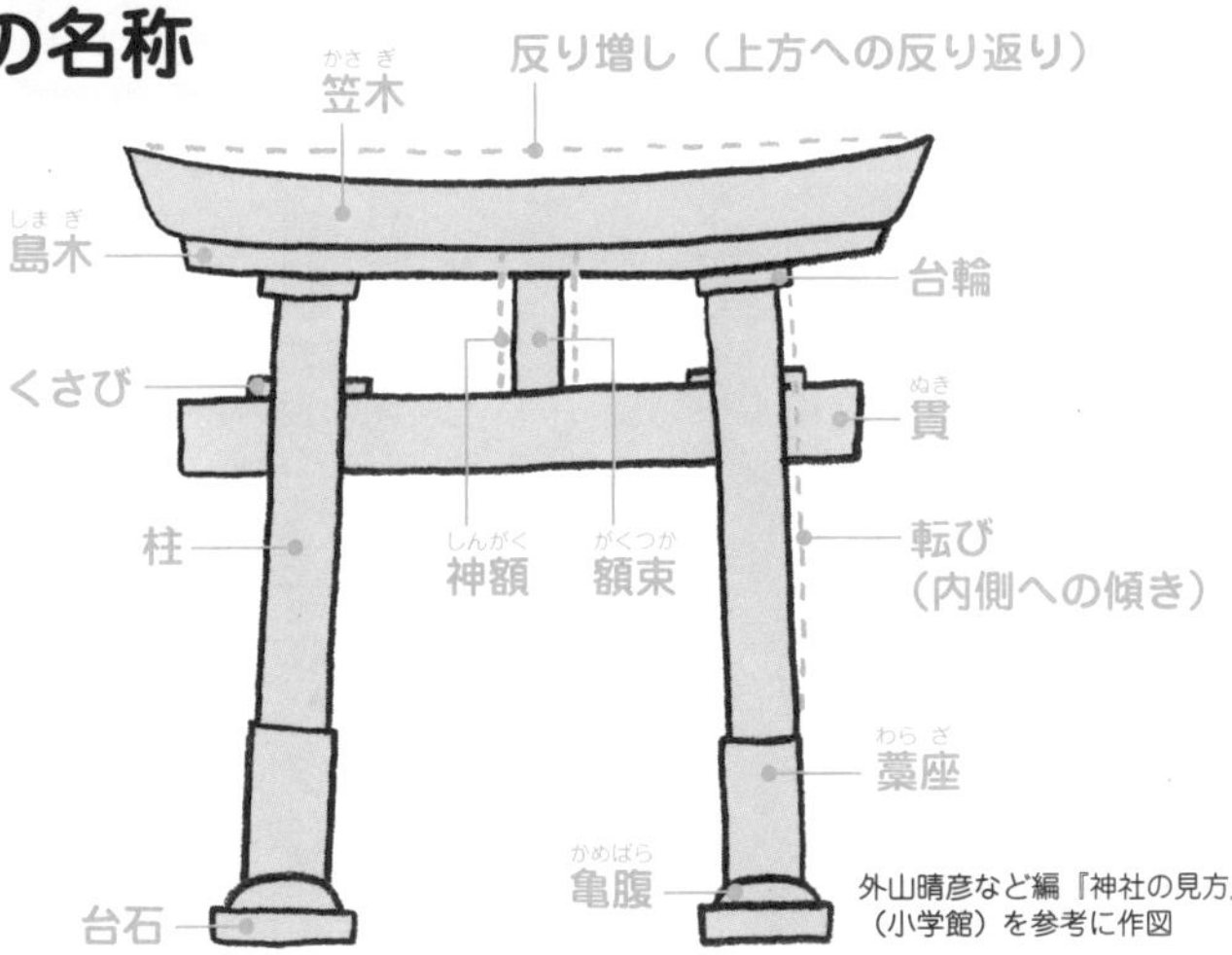

外山晴彦など編『神社の見方』（小学館）を参考に作図

神明系

特徴　笠木の下に島木が置かれておらず、明神系に比べてシンプル。

黒木鳥居／野宮神社（京都市右京区）

鹿島鳥居／鹿島神宮（茨城県鹿嶋市宮中）

明神系

特徴　島木のほか、反りや転びが用いられ、神明系に比べて装飾性が強い。

稲荷鳥居／伏見稲荷大社（京都市伏見区）

山王《さんのう》鳥居／日吉大社（滋賀県大津市坂本）

45 神社の狛犬や狐には、どんな意味があるの？

狛犬は神社の守護霊獣、狐は神様のお使い

狛犬《こまいぬ》を見るのが神社めぐりの楽しみの1つという方も多いようです。唐獅子《からじし》風のものや大型犬風のもの、子連れであったり、毬《まり》を持っていたり。時代や地域による違いもあるそうです。

狛犬は正確には獅子狛犬《ししこまいぬ》といいます。口を開いている（阿形《あぎょう》）のが獅子、口を閉じている（吽《うん》形《ぎょう》）のが狛犬です。

狛犬には角《つの》があるのが本来の姿ともいいますが、角がない像も多く見られます。

古代オリエントで神殿前に置かれた霊獣が起源ともいわれ、日本には仏教とともに伝えられたと考えられています。

狛犬は参道の両側に置かれることが多いのですが、古くは室内に置かれていました。本殿の板壁に描かれるケースもあります。神社だけではなく、宮中や貴族の屋敷にもありました。

狛犬は神社の境内に悪しきものが入らないように見張る役目を果たしています。貴族の屋敷では御簾《みす》や几帳《きちょう》を押さえる道具として使われていましたが、同時に魔除けの効果も期待していたのでしょう。

狛犬と似たものに、稲荷《いなり》社の狐《きつね》（霊狐《れいこ》）があります。やはり参道の両脇や社殿の前に置かれていますので狛犬のバリエーションと思われがちですが、そうではありません。

稲荷社の狐は狛犬のようにガードマンの役を果たしているのではなく、神使《しんし》といって神様のお使い役＊**をしているのです。**

神使は神様（神社）によって異なり、天神《てんじん》様（菅原道真《すがわらのみちざね》公）の牛、オオクニヌシの鼠《ねずみ》、春日《かすが》大社・鹿島《かしま》神宮の鹿、熊野三山の烏《からす》（八咫烏《やたがらす》）、八《はち》幡宮《まんぐう》の鳩《はと》などが有名です。

用語解説

＊**神様のお使い役**　稲荷社の狐は願い事を稲荷神に伝えてくれることから、信仰対象にもなっている。しかし、あくまでも神使であって、神様ではない。

神社には、神様のために働く動物がいっぱい

狛犬

吾嬬《あづま》神社（東京都墨田区立花）のもの。右に阿形《あぎょう》・左に吽形《うんぎょう》。これは仏教の影響。

狐

伏見稲荷《ふしみいなり》大社のもの。

牛

菅原道真公の遺体を聖地に運んだ。平河《ひらかわ》天満宮（東京都千代田区平河町）のもの。

鼠

オオクニヌシを火難から救った。大豊《おおとよ》神社（京都市左京区）のもの。

46

神主さんと宮司さん、どう違うの？

宮司は神社のトップ、神主は神職一般

「神主《かんぬし》さんと宮司《ぐうじ》さん、どっちが偉いんですか？」と聞かれることがたまにあります。これはちょっと難しい質問です。

「神社で一番偉い方は誰？」と聞かれたのなら、「宮司さんです」と答えられます。**「神主さんと宮司さんでは」と聞かれると困るのは、宮司も神主に含まれるからです。**

「主《ぬし》」とついているので「神社の主」であるかのような印象を受けてしまいますが、**実は神主は神《しん》職《しょく》一般を指す言葉なのです。**

つまり、神職になりたての者もベテランも、同じく神主ということになります。

ちなみに、古代では神職一般に対して祝部《はふりべ》という呼び方をしていました。

さて、これで神社で一番偉い人が宮司＊だということがわかっていただけたと思います。「偉い」というのは最高責任者ということです。会社でいえば社長、お寺なら住職《じゅうしょく》に当たります。

神社には、ほかにも役職（職階《しょくかい》）があります。宮司を補佐し、主に儀礼を司る禰宜《ねぎ》です。

禰宜という職階も古代からあり、一番最初に設置したのは伊勢神宮であったようです。

規模がさほど大きくない神社であれば、宮司―禰宜―一般の神主という体制で運営がなされますが、規模が大きくなると、これでは間に合いませんので、宮司の下に権宮司《ごんぐうじ》、禰宜の下に権禰宜《ごんねぎ》をおきます。

また、まだ神社の職務に慣れていない見習いの者を出仕《しゅっし》と呼ぶこともあります。

こうした職階とは別に、浄階《じょうかい》―明階《めいかい》―正階《せいかい》―権正階《ごんせいかい》―直階《ちょっかい》の階位、特級～四級までの6ランクの身分があり、試験などで進級が決まります。

用語解説

＊**一番偉い人が宮司**　ただし、伊勢神宮のような特殊な神社には、宮司より上に、祭主や大宮司といった役職がある。

いろいろある神職の役職と階級

職階

各神社において神職が就く役職

高 → 低

- **宮司《ぐうじ》**：各神社の代表役員。会社でいえば代表取締役社長。各神社に１人だけ。現在では女性神職も増えており、女性の宮司も少なくない
- **権宮司《ごんぐうじ》**：規模が大きい（神職の人数が多い）神社に置かれる役職。会社にたとえると副社長
- **禰宜《ねぎ》**：宮司を補佐する役割。主に儀礼を担当。会社にたとえると常務や課長
- **権禰宜《ごんねぎ》**：規模が大きい（神職の人数が多い）神社に置かれる役職

※宮司のみの神社もある

階位

神社本庁に所属する神社で役職（権禰宜以上）を得るための資格（検定制）

高 → 低

- **浄階《じょうかい》**：最高位。明階を取得した者で、長年神道の研究に貢献した者に与えられる名誉階位。全神職の２％ほどしかいない
- **明階《めいかい》**：旧官国幣社《かんこくへいしゃ》（48項参照）など社格の高い神社の宮司や権宮司になるために必要な階位。伊勢神宮以外、どこの神社でも宮司になれる
- **正階《せいかい》**：旧官国幣社など社格の高い神社の禰宜及び宮司代務者になるために必要な階位
- **権正階《ごんせいかい》**：一般的な神社の宮司及び宮司代務者、旧官国幣社など社格の高い神社の権禰宜になるために必要な階位
- **直階《ちょっかい》**：一般的な神社の禰宜及び権禰宜になるために必要な階位

このほか、神社界への貢献度によって６ランクの身分が与えられている。

	等級	袴の色・模様
神職の身分	特級	白に白の文様
	一級	薄紫に白の文様
	二級上	紫に薄紫の文様
	二級	紫（模様なし）
	三級、四級	浅葱《あさぎ》（模様なし）

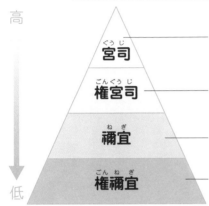

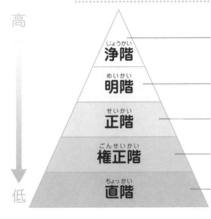

47 巫女さんは何をする人なの？

もとは神様と祈願者の仲介役だった

神職になるには資格が必要です。神社本庁《じんじゃほんちょう》の試験に合格するか國學院《こくがくいん》大學・皇學館《こうがくかん》大学などの養成機関で必要単位をとり、実習を修了する必要があります。

しかし、巫女《みこ》には資格は必要ありません。神社によっては一定の条件（年齢や居住地域など）をつけることはあるかもしれませんが、**資格試験などはありません。**

ただし、古代の巫女は常人では務まりませんでした。

というのは、古代の巫女は神霊を体に憑依《ひょうい》させたり、自分の魂を神様のもとに送って、神様の言葉を聞き取らねばならなかったからです。そうした才能がなければ、巫女にはなれませんでした。

古代の祭祀では、こうした巫女は不可欠だったため、神社などでも一定の地位が認められ、社会的身分も高いものがありました。

これは、古代の巫女の姿を写したと思われるアメノウズメ（14・28項参照）が、神話で重要な役割を果たしていることからも知られます。

邪馬台国《やまたいこく》の女王だった卑弥呼《ひみこ》も、神功皇后《じんぐう》（33項参照）も、神霊を身に憑依《ひょうい》させてお告げをする能力をもっていました。

ところが時代が下がるにつれて、託宣《たくせん》を受けることより儀礼を荘重《そうちょう》に行なうことのほうが重視されるようになりました。

その結果、神社の巫女は託宣を行なわなくなり、舞いなどの芸能を神様に捧げる役となっていったのです。

一方、託宣を行なう巫女は民間で活動するようになりました。死者の霊を呼び寄せてその言葉を伝える口寄《くちよ》せ巫女*などが、その例です。

用語解説

＊**口寄せ巫女**　東北のイタコ、沖縄のユタなどがこの例にあたる。

神の近くにいることを許された特別な女性

古来の巫女

『松崎天神縁起絵巻』より

『七十一番職人歌合』より

神霊を身に宿して神のお告げを受け、伝えたり、占いをする。古代に活動した神功《じんぐう》皇后や卑弥呼《ひみこ》も巫女だった。

時とともに変化

神社の巫女

神前で芸能（神楽《かぐら》）を奉納したり、神職を補佐する。

民間の口寄せ巫女

神や死者の霊を引き寄せ、その語る言葉を伝える。

48 神社の入口の石標には、何が書いてあるの？

神社の社号や格式、御祭神の神格など

神社の入口に立っている石柱のことを社号標《しゃごうひょう》といいます。**「社号」とは神社の称号のことですが、ここでは神社の名前のことをいいます。**

ちなみに、称号としての「社号」には神宮《じんぐう》・宮《みや》・大社《たいしゃ》・神社・社《やしろ》・大神宮《だいじんぐう》の6種がありますが、かつては明神《みょうじん》（大明神）・権現《ごんげん》（大権現）も使われていました。しかし、仏教の影響があるため、神仏分離以降は使われなくなりました。＊

さて、社号標に書かれている内容ですが、その名の通り「〇〇神社」と神社の名前だけが刻まれていることもあります。けれども、「官幣大社《かんぺいたいしゃ》〇〇大社」「式内社《しきないしゃ》〇〇神社」などと書かれている社号標もよく見かけます。

ここにある「官幣大社」「式内社」は神社の格式、社格を表しています。

「官幣大社」のほうは798（延暦《えんりゃく》17）年に定められた制度に基づく社格《しゃかく》です。

この時、朝廷は全国の主要な神社を、朝廷（神祇官《じんぎかん》）が直接管理する官幣社と、国司《こくし》が管理する国幣社《こくへいしゃ》に分けました。そして、それぞれを大社と小社に区分したのです。

つまり、全国の主要神社を官幣大社から国幣小社の4種に分類したわけです。

社号標には、この時に定められた社格が記されているわけですが、注意がいるのは、明治時代にも改めて官国幣社《かんこくへいしゃ》制度が定められていることです。

明治の制度では官幣社・国幣社をそれぞれ大社・中社・小社に分けているので、官幣中社・国幣中社であれば、明治の制度によるものとわかります。

「式内社」は、927（延長《えんちょう》5）年に完成した『延喜式《えんぎしき》』という法律書の「神名帳《じんみょうちょう》」という神社リストに名前が載っているということです。

用語解説

＊**神仏分離以降使われない** 東京の神田神社は、古くから神田明神として親しまれてきたので、今も通称として「明神」を用いている。

社号標には表記ルールがある

『延喜式《えんぎしき》』の神《じん》名帳《みょうちょう》に記載されている神名であることを示す。創建が平安時代以前の由緒ある神社だ。

社格（官国幣社制）

社格は古代のものと近代のものがある。古代のものには大社と小社のみで中社はない。つまり、この社格は近代のものだとわかる。

社号

神社の称号。現在使われるのは「神宮」「宮」「大社」「神社」「社」「大神宮」だ。

こんな場合も…

御祭神の神階

これを石標に記すのは稲荷社が多い。

伊弉諾《いざなぎ》神宮
（兵庫県淡路市多賀）

49

同じ名前の神社がたくさんあるのは、なぜ？

人気のある神社は多くの分社が建てられたから

同じ名前の神社とは、八幡宮《はちまんぐう》・稲荷《いなり》神社・天満宮《てんまんぐう》・春日《かすが》神社などのことです。頭に地名や由緒に関わる名称がついていたりしますが、社号の根幹部分は共通している神社群のことです。

なぜ、そうした神社がたくさんあるのでしょうか。

それは、八幡神《やはたのかみ》や稲荷神《いなりのかみ》などの信仰が広まり、多くの人がお祀りしたいと思ったからです。その広まり方には、いくつかのパターンがあります。

全国の八幡宮・八幡神社の総本宮は大分県の宇佐《うさ》神宮です。その信仰が広まって各地に分社《ぶんしゃ》が建てられました。なかでも平安京に近い石清水《いわしみず》八幡宮が朝廷の崇敬を受け、その分社もつくられました。

その中の1つが鎌倉の鶴岡《つるがおか》八幡宮です。鶴岡八幡宮は武士の崇敬を集めて、それぞれの本拠地に分社が建てられました。

奈良時代から平安時代にかけて権勢を振るった藤原氏は春日大社を氏神《うじがみ》としていましたので、各地の荘園《しょうえん》にもその分社（春日神社）を建てました。そこから春日信仰が広まったのです。

稲荷信仰の総本宮である伏見稲荷《ふしみいなり》大社は東寺《とうじ》と関係が深く、そのため真言宗《しんごんしゅう》などの寺院の鎮守《ちんじゅ》として祀られるようになりました。

その一方で、各地の田の神信仰（42項参照）と習合して、農村でも信仰が広まっていきました。

分社の分布にも神社によって特徴があります。たとえば、東京に住んでいる人にとって氷川《ひかわ》神社*は親しみある神社の1つですが、西日本の人にはまったく馴染みのない神社です。

それもそのはずで、氷川神社の分社は荒川と隅田川に挟まれた地域に集中しているのです。

用語解説

***氷川神社**　総本宮は埼玉県さいたま市大宮区に鎮座する武蔵国一宮の氷川神社。

分霊によって同じ名前の神社が増えていく

日本の神様はいくつでも分霊がつくれるので、分社は全国に広がり、神札やお守りも隅々にまで届く。

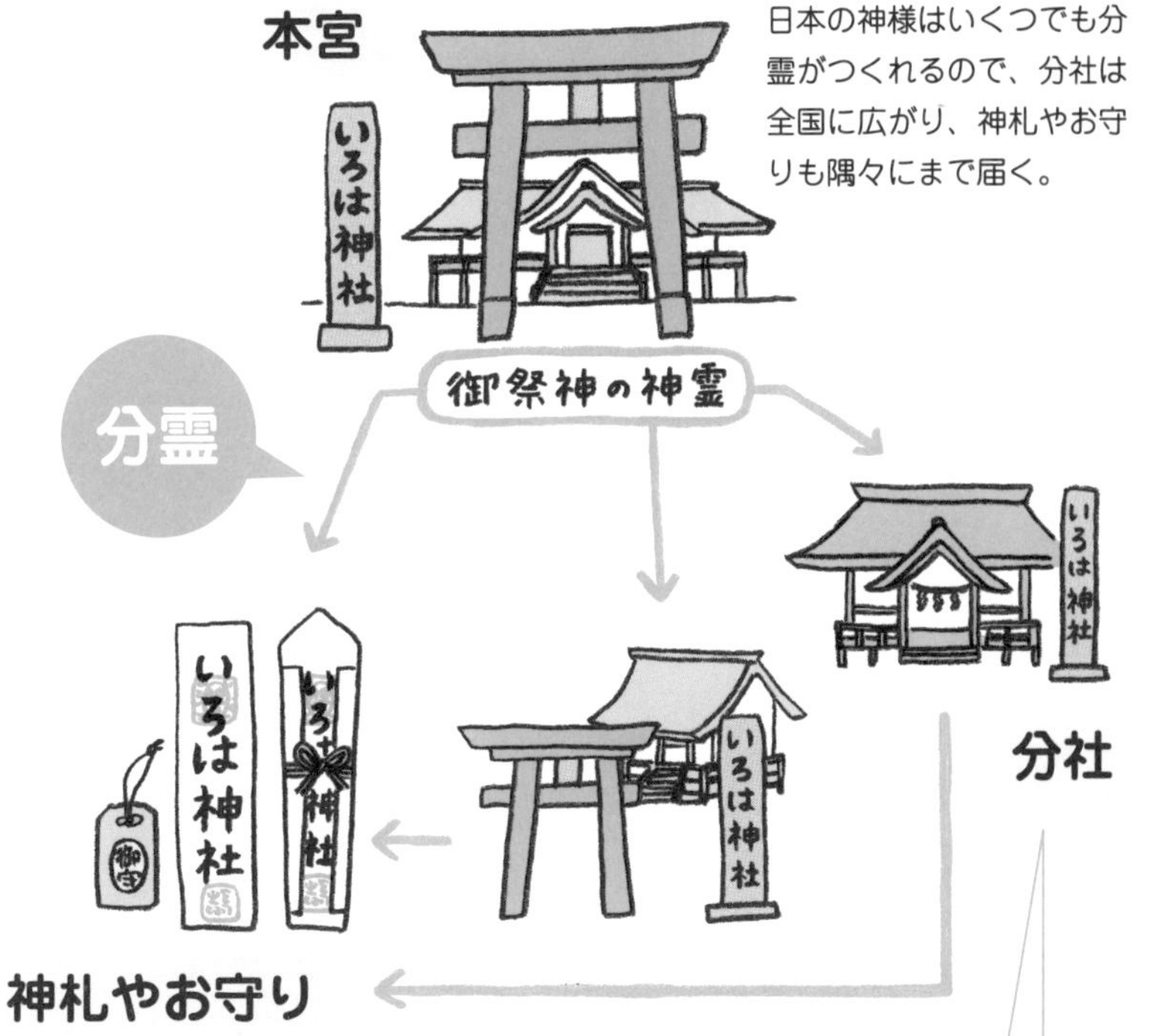

たとえば…

島根県の出雲大社の分社がハワイのホノルル市にもある。

ハワイ出雲大社は明治時代、日本の移民によって創祀された。

50

伊勢神宮が特別扱いされるのは、なぜ？

最高神アマテラスと関係が深いから

全国の神社を包括する神社本庁の「神社本庁憲章*」には、次のような一節があります。

「神社本庁は、神宮を本宗《ほんそう》として仰ぎ、奉賛《ほうさん》の誠《まこと》を捧げる」

ここでいう神宮とは、伊勢神宮の正式名称です。本宗とは、すべての神社の大元《おおもと》であり、格別の崇敬を受けるべきものという意味の言葉です。

なぜ伊勢神宮はそのように特別扱いされるのでしょうか。その起源は天孫降臨《てんそんこうりん》に遡《さかのぼ》ります。

アマテラスは御子神《みこがみ》のアメノオシホミミに地上統治を託そうとした時、三種《さんしゅ》の神器《じんぎ》の八咫鏡《やたのかがみ》を示してこう言いました。

「この鏡を私だと思って、あなたが住む宮殿に奉安し祀りなさい」

地上へはアメノオシホミミの御子神のニニギが向かうことになりましたので、この命令（神勅《しんちょく》）もニニギが受け継ぐことになりました。

神武《じんむ》天皇以降の歴代天皇も神勅を守っていたのですが、第10代崇神《すじん》天皇の御代《みよ》になると、**鏡に宿ったアマテラスの霊威の強さのゆえに、宮中で祀るのが難しくなってしまいました。**

そこで八咫鏡を皇女トヨスキイリヒメ（豊鍬入《とよすきいり》姫命《ひめのみこと》）に託して、祀るべき場所を探させることになりました。

八咫鏡の鎮座場所探しは、次代の垂仁《すいにん》天皇の御代まで続きました。

垂仁天皇の皇女ヤマトヒメ（倭《やまと》比売命《ひめのみこと》）は近江・美濃をめぐり、伊勢に至ったところでアマテラスの「ここに居よう」というお告げを受けました。

こうして創建されたのが伊勢神宮内宮《ないくう》です。**アマテラスの御意志に基づいてその神霊を祀っているので、特別に崇敬されるのです。**

用語解説

＊**神社本庁憲章**　神社や神社本庁の機能、あるいは神職の役割などを定めた取り決め。1980（昭和55）年に制定。

幾世代にも渡る伊勢神宮創建までの道のり

START

アマテラスがアメノオシホミミに鏡を渡す。そして、地上に宮殿を建て、そこにこの鏡をアマテラス自身だと思って祀れと命じる

ニニギがアメノオシホミミから引き継いで地上に降臨

アマテラスの命令が歴代天皇に引き継がれる

第10代崇神《すじん》天皇の御代、鏡の霊威が強すぎて宮中で祀れなくなる。皇女のトヨスキイリヒメに鏡を託し、祀るべき場所を探させる

第11代垂仁《すいにん》天皇の御代、皇女のヤマトヒメが場所探しの役を引き継ぐ

ヤマトヒメが伊勢にたどり着いた時、アマテラスが「ここに居よう」と託宣。この地に宮を建てる

GOAL

伊勢神宮の創建

51

神社では、どんな行事を行なっているの？

多数の祭り。なかでも祈年祭・新嘗祭・例祭が重要

実は神主が常駐している神社では、毎日祭りが行なわれています。日供祭《にっくさい》というもので、早朝に神前に神饌《しんせん》（神様の食事）をお供えして御神恩《ごしんおん》に感謝し、世の平穏を祈るものです。

参拝者が訪れる前に行なわれることが多いのでご存知ないかもしれませんが、これも大事な祭りの1つです。

神社で行なわれる祭りは、大祭《だいさい》・中祭《ちゅうさい》・小祭《しょうさい》の3種に分けられます。

日供祭や1日・15日に行なわれる月次祭《つきなみさい》＊は小祭とされます。

もっとも重要とされる大祭には、恒例と臨時の2種類があり、恒例のものには祈年祭《としごいのまつり》・新嘗《にいなめ》祭《さい》・例祭《れいさい》の3種があります。

祈年祭と新嘗祭は稲作に関わる祭りです。**2月17日の祈年祭は今年の豊作を願うもの、11月23日の新嘗祭は収穫を感謝し、新穀を神様に捧げるものです。**

例祭は例大祭《れいたいさい》ともいい、その神社にとって特別な日（御祭神が示現《じげん》された日とか創建された日など）に行なわれます。したがって神社ごとに日が異なります。基本的に年に1度ですが、神社によっては2度行なうこともあります。

臨時の大祭には、鎮座祭《ちんざさい》・遷座祭《せんざさい》・合祀祭《ごうしさい》・分《ぶん》祀祭《しさい》などがあります。名前からわかるように、これらは神社が創建されたり、移転したりした時に行なわれるものです。

このほか神社の年中行事で重要なものに、6月30日と12月31日に行なわれる大祓《おおはらえ》があります。

大祓は気づかぬうちに犯してしまう罪穢れを祓《はら》う行事で、参道などに設置した茅《ち》の輪《わ》をくぐって心身の穢れを祓います。

用語解説

＊**月次祭**　毎月行なう祭りの意味。もとは6月と12月に行なわれていた。皇室・国家の安寧と地域・氏子の安泰・発展を祈る。

生活を豊かにする神社の年中行事

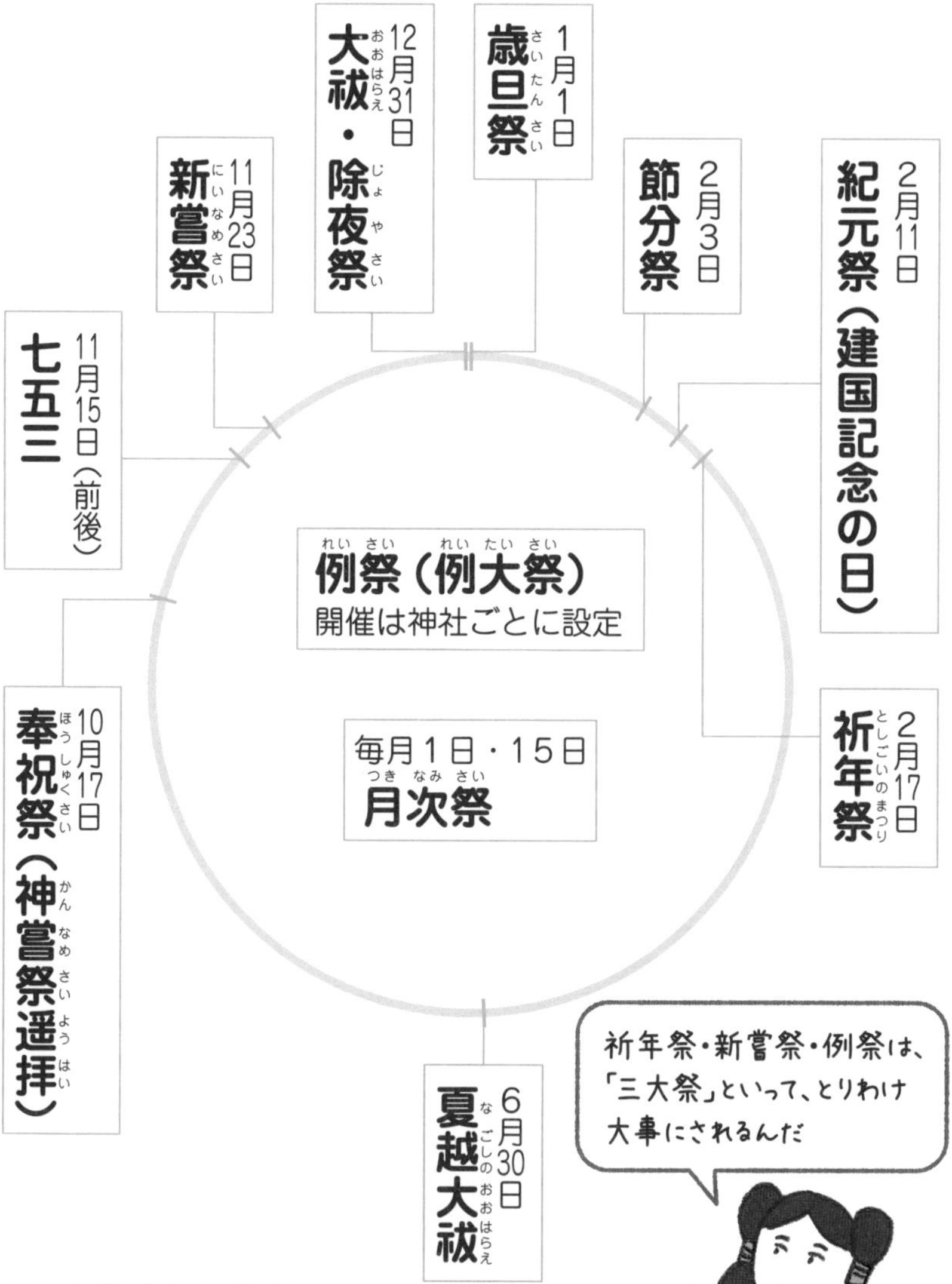

ここにあげた神事は一般的なもの。神社によっては、これらのほかに別の神事を行なったり、摂社・末社の例祭を加えて行なうこともある。

52 健康祈願は、どこの神社でできるの？

――スクナビコナを御祭神とする神社など

医薬の神として古くから信仰されてきたのが、スクナビコナ（少名毘古那神《すくなびこなのかみ》）です。オオクニヌシとともに*国造りをした時に、人々に治療法や薬の知識を広めたと伝えられています。

大阪市中央区道修町《どしょうまち》に鎮座する少彦名《すくなひこな》神社は、江戸時代から薬種問屋の信仰を集めてきた神社です。

道修町には豊臣秀吉の頃から薬種問屋が集まっており、その守り神として当社は創建されました。今も多くの薬品メーカーの崇敬を受けています。

和歌山市加太《かた》の淡島《あわしま》神社もスクナビコナをお祀りしており、とくに女性の健康に霊験があるとされます。

薬品メーカーの崇敬を集めているという点では、**奈良県桜井市の狭井《さい》神社（大神《おおみわ》神社の摂社）**が古く、その歴史は古代に遡《さかのぼ》ります。第10代崇神《すじん》天皇の御代に広まった疫病《えきびょう》を収めたことから病気平癒《へいゆ》の神として広く信仰されています。

京都市北区紫野《むらさきの》今宮《いまみや》町の今宮神社も疫病を鎮めたという由緒をもちます。

4月に行なわれるやすらい祭は京の三大奇祭の1つとされますが、開花と共に疫病が広まるのを防ぐとされます（狭井神社の鎮花祭《ちんかさい》も同様の祭りです）。健康に過ごすために厄《やく》を人形に遷《うつ》す、やすらい人形も人気です。

健康一般ではなく、特定の部位・症状に対応する専門医のような神社もあります。たとえば、**三重県大紀町の頭《こうべ》之《の》宮《みや》四方《よもう》神社**は頭部と心の病に霊験があるとされます。

また、**東大阪市東石切町の石切剱箭《いしきりつるぎや》神社**は、腫《は》れ物がよくなるといわれ、「でんぼの神様」と呼ばれてきました。

用語解説

＊**オオクニヌシとともに**　スクナビコナと同様に、オオクニヌシも医薬の神として信仰される。

疫病退散・病気平癒の御神徳をもつ神社

少《すくな》彦《ひこ》名《な》神社

創建は1780（安永9）年。スクナビコナと中医学の薬の神・神農《しんのう》が合祀されている。

大阪土産としても有名な「張子の虎」は、当社の病除けのお守り。

狭《さ》井《い》神社
（大神神社・摂社）

創建は第11代垂仁《すいにん》天皇の御代とされ、本社の御祭神であるオオモノヌシの荒魂を祀る。製薬・医療関係者の崇敬を集める。

狭井神社の鎮花祭

通称「薬まつり」。701（大宝元）年に国の祭祀として定められた。この祭りでは特別な神饌《しんせん》として、三《み》輪《わ》山《やま》に自生する薬草でもある百合《ゆり》の根と忍冬《すいかずら》をお供えする。

飛鳥時代から
続いてるって、
ロマンを感じるな

53 縁結びをしてくれる神社は、どこ？

出雲大社に限らず個性的な神社が各地にある

縁結びの神社でまずあげるべきは、やはり**出雲《いずも》大社《おおやしろ》（島根県出雲市大社町）**でしょう。

しかし、出雲大社が縁結びで有名になった理由については諸説あって、はっきりしません。

御祭神のオオクニヌシが多くの女神と恋をして、多くの御子神＊を得たからとする説をとる方もいますが、やはり神無月《かんなづき》に全国の神々が出雲に集まることによると考えるのがよいでしょう。出雲に集まった神々は、出雲大社で会議を開き、それぞれの氏子の縁談を相談するのだといいます。

同じ出雲の**八重垣《やえがき》神社（松江市佐草《さくさ》町）**は、スサノオが八岐大蛇《やまたのおろち》を退治した時に、妻とするクシナダヒメを隠した場所であり、のちに新婚生活を送る宮を建てた場所でもあるといいます。

一方、**静岡県熱海市伊豆山上野地の伊豆山《いずさん》神社**が縁結びの神社とされるのには、２つの理由があります。

１つは境内社の結明神社《むすぶみょうじんしゃ》。ここは杉の大木から生まれ、のちに結婚した男女を祀っており、古くから一名恋祭《いちめいこいまつり》という神事が行なわれていました。もう１つの理由は、伊豆に流罪になっていた若き日の源頼朝《みなもとのよりとも》が、北条政子《ほうじょうまさこ》と逢い引きをしたところだということです。

鵜戸《うど》神宮（宮崎県日南市宮浦）も、ヒコホホデミ（山幸彦《やまさちびこ》）とトヨタマヒメ（豊玉姫命《とよたまひめのみこと》）の新婚の場所ともいえる地で、神武《じんむ》天皇の父のウガヤフキアエズはここで生まれたといいます。

ちなみに神前結婚式の第１号は大正《たいしょう》天皇でした。その式を一般向けに手直しして広めたのが**東京大神宮（千代田区富士見）**です。こうした由緒から縁結びの神社として、とくに女性から篤い信仰を受けています。

用語解説

＊**多くの御子神**　『日本書紀』によれば、１８１柱の御子神があったという。

縁結び・良縁成就の御神徳をもつ神社

出雲《いずも》大社《おおやしろ》

オオクニヌシが天津神から授かった社。もとは杵築大社《きづきのおおやしろ》と呼ばれたが、明治時代に現在の名前に改称。

ムスビの御神像と呼ばれるオオクニヌシの像。

八重垣神社

スサノオ神話に登場する神社。もとは佐久《さく》佐社《さのやしろ》と呼ばれたが、明治時代に現在の名前に改称。

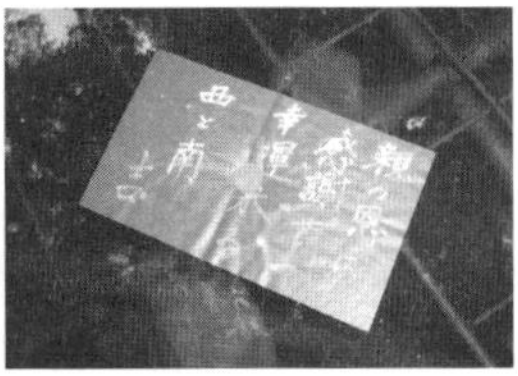

鏡の池では恋愛や結婚の縁が占える。池に占い用紙を浮かべて硬貨を乗せて、早く沈めば良縁が早く来る。

伊豆山神社

古代から熱海《あたみ》日金山《ひがねさん》と走水《はしりみず》温泉に対する信仰で伊豆山権現が祀られてきた。頼朝の崇敬を得てからも歴代将軍が参拝した。

頼朝と政子が座って愛を語らったという腰掛石。

54

金運アップで有名な神社は、どこ？

金刀比羅宮・金華山黄金山神社・今宮戎神社など

金運・財運をもたらしてくれるという神社は、境内に活気があって、歩くだけで運気が上がるような気がします。摂社・末社にも個性的な御神徳（御利益）があったりするので、楽しくなります。

「こんぴらさん」の愛称で親しまれている**香川県琴平町の金刀比羅宮**《ことひらぐう》は、境内の至るところに御神《ごしん》紋《もん》＊の「金」があって歩くだけで景気がよくなる気がしますが、参道に無数に並ぶ奉納碑は、御利益を受けた人の多さを示しています。

なお、**金刀比羅宮の東京の分社（港区虎ノ門）**は丸亀藩《まるがめはん》の藩主が勧請《かんじょう》したもので、江戸時代から江戸っ子の信仰を集めてきました。

景気のいい名前ということでいえば、**宮城県石巻市の金華山**《きんかさん》**黄金山**《こがねやま》**神社**も負けていません。東大《とうだい》寺《じ》の大仏に用いる金が東北から産出されたのを記念して創建されたという由緒も、まことに目出度《めでた》い。島全体が神域というのも珍しいので、一度はお参りしてもらいたい神社の1つです。

しかし、「商売繁盛」といえば、1月10日の初エビスで行なわれる十日戎《えびす》でしょう。「商売繁盛で笹《ささ》持ってこい」の掛け声とともに縁起物を吊るした福笹《ふくざさ》が授与されます。

関東では、11月の酉《とり》の市が有名（**東京都台東区千束の鷲**《おおとり》**神社**など）ですが、西日本ではこちらが主流。とくに**今宮戎**《いまみやえびす》**神社（大阪市浪速区恵美須西）**と**西宮**《にしみや》**神社（兵庫県西宮市社家町）**が有名です。両社は、普段から商売繁盛・財運向上の祈願でお参りに訪れる人が多く見られます。

京都にも商売繁盛の神社はあります。市場の守り神とされた**市比賣**《いちひめ》**神社（京都市下京区河原町）**、商才の神ともいわれる**錦**《にしき》**天満宮（京都市中京区新京極通り）などです。**

用語解説

＊**御神紋**　神社の紋章。各家の家紋のように、神社にもそれぞれの紋章がある。

金運向上・商売繁盛の御神徳をもつ神社

金刀比羅宮《ことひらぐう》

創建は神代にさかのぼるとも伝わる。室町以降、金毘羅《こんぴら》参りが庶民の間に流行した。

金を表す御神紋。かつては常用漢字の「金」が用いられていたが、現在は異体字が用いられている。

今宮戎《えびす》神社

創建は600（推古天皇８）年と伝わり、御祭神はコトシロヌシ、スサノオなど。十日戎では約百万人が参拝する。

十日戎の福笹

大判、小判、俵、打ち出の小槌などの細工物を結びつけた笹を、１年間自宅の神棚や、壁の頭よりも高い位置に飾る。

笹の正面が南か
東を向くように
飾るんだ
千万両

55 天神様以外にも学問の神がいるって、本当？

菟道稚郎子《うじのわきいらつこ》、清原頼業なども学問の神

受験生はもちろん、資格取得を目指している人、あるいは学問の道を志している人にとって、「学問の神」は心の支えになってくれる存在といえましょう。

学問の神といえば、菅原道真《すがわらのみちざね》公が思い浮かびますが、実はほかにもおられます。

たとえば、オモイカネ（思金神《おもいかねのかみ》）。この神様は神々の知恵袋というべき存在で、アマテラスの天岩戸隠れといった事件が起こるたびに対策を考えています。

オモイカネをお祀りする神社はあまり多くありませんが、東京でしたら**気象《きしょう》神社**（**杉並区高円寺、氷川神社境内**）でお参りできます。日本唯一の気象の神社ですが、学業成就のお願いもできます。

京都府宇治市宇治山田に鎮座する宇治《うじ》神社の御祭神、**菟道稚郎子命《うじのわきいらつこのみこと》**も古くから学問の神とされてきました。

菟道稚郎子命は応神《おうじん》天皇の皇子で、儒教などに精通されていた方です。ちなみに、宇治神社の境内は応神天皇の離宮跡といわれます。

京都市右京区嵯峨《さが》朝日《あさひ》町に鎮座する車折《くるまざき》神社で祀られる清原頼業《きよはらのよりなり》公も、平安後期の儒学者です。九条兼実《くじょうかねざね》は「その才、神というべく尊ぶべし」と讃えたと伝えられています。

なお、車折という社号は、社頭を素通りしようとした牛車《ぎゅうしゃ》が壊れたことによるといいます。

小野妹子《おののいもこ》の子孫とされる小野氏*はさまざまな才人を輩出しましたが、平安初期の公卿《くぎょう》で学者の**小野篁《おののたかむら》公**もその1人です。閻魔《えんま》大王の代理を務めたという伝説まである人物ですが、**小野照崎《おのてるさき》神社**（**東京都台東区下谷**）や**小野篁《おのたかむら》神社**（**滋賀県志賀町**）などで学問の神として祀られています。

用語解説

＊**小野氏**　7世紀前半から平安中期にかけて活躍した。歌人の小野道風（とうふう）や小野小町も出身。

学業上達・試験合格の御神徳をもつ神社

宇治神社

兄に皇位を譲るため自殺した菟道《うじの》稚郎子《わきいらつこ》命（生没年不明）の御霊を邸宅跡に祀ったのが当社の始まり。

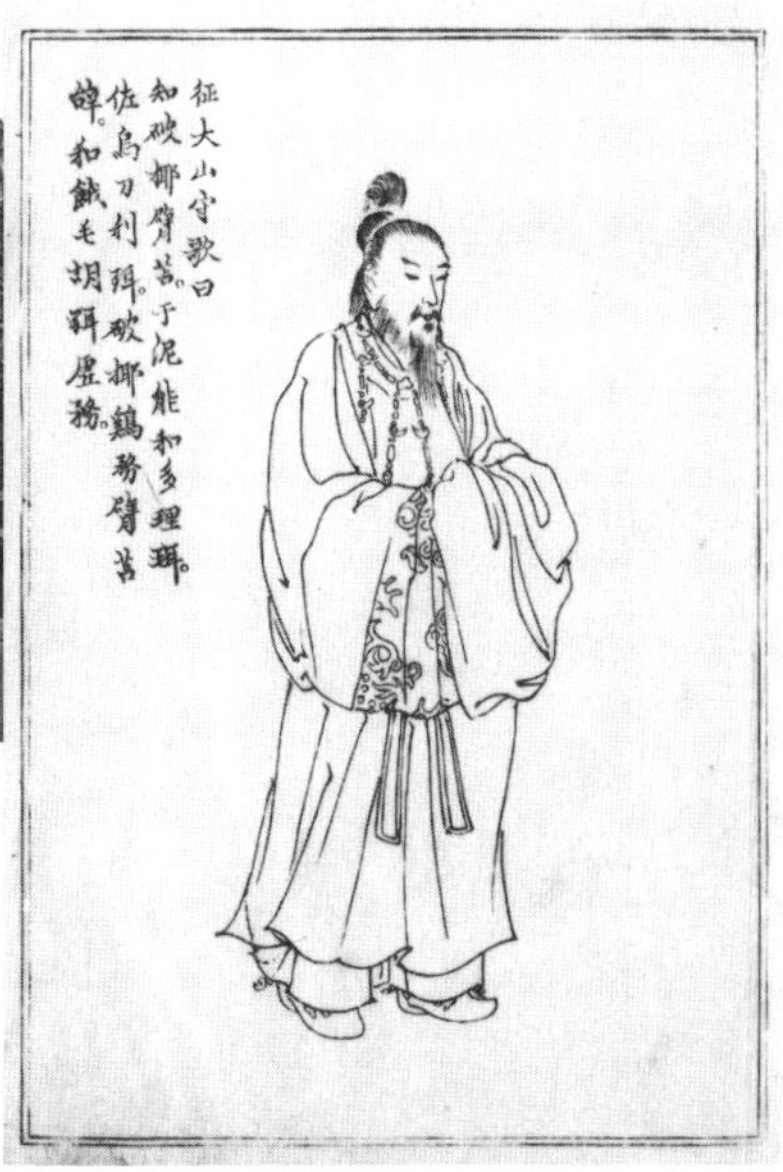

菟道稚郎子命。幼少の頃から非常に賢く、応神天皇に愛されて皇太子となった。

車折《くるまざき》神社

1189（文治5）年、清原頼《より》業《なり》公の墓所に創建された。

頼業公（1122－1189）。学問と政治に長け、後白河上皇に政策を上奏することもあった。

小野照崎《おのてるさき》神社

小野篁《たかむら》公の死後の852（仁寿2）年に、篁公が住んでいた地に創建された。

篁公（802－852）。漢詩や和歌にすぐれたほか、法律に明るく国の要職も務めた。

56 美人祈願に効き目のある神社とは？

八坂神社の美御前社や下鴨神社の河合神社など

男女平等の観点からいえば、美人祈願だけではなく美男祈願も入れるべきでしょうが、残念ながらそうした御神徳をもつ神社を把握しておりませんので、ここは美人祈願限定で述べます。

もっとも、これらの神社は男性にも御利益があると思いますので、詳しくは神社の神職にお尋ねください。

さて、美人祈願で最初にあげたいのは、**八坂《やさか》神社（京都市東山区祇園町）の美御前社《うつくしごぜんしゃ》**です。

美御前社は美人で名高い**宗像神《むなかたのかみ》**（宗像三女神＝タギリヒメ・タギツヒメ・イチキシマヒメ）をお祀りしています。なかでもイチキシマヒメが美しいとされ、弁才天《べんざいてん》や吉祥天《きっしょうてん》＊とも同一視されてきました。ここから、美御前社は美しさや芸能の才が得られるとされます。

また、社前の御神水「美容水」を2、3滴つけると美人になるともいいます。

下鴨《しもがも》神社（京都市左京区下鴨泉川町）の摂社で神《じん》武《む》天皇の母のタマヨリヒメ（玉依姫命《たまよりひめのみこと》）をお祀りする河合《かわい》神社は、祈願方法がユニークです。

手鏡の形をした絵馬に描かれた顔を、自分のメイク道具でお化粧するのです。自分の分身を奉納するみたいで期待ができそうですね。

滋賀県愛荘町に鎮座する豊満《とよみつ》神社は、その名の通り豊満な美女になれるといいます。

境内には、木肌に触れると美肌になれるという美人の木（根が地上から3メートルも伸び上がっている椋《むく》）や、愛知川で見つかったハート型の石などもあります。ハート型の石は軽く持ち上がれば、恋が成就するそうです。

また、**車折《くるまざき》神社境内の清少納言社《せいしょうなごんしゃ》**は、清少納言のような才色兼備《さいしょくけんび》になれるとされます。

用語解説

＊**弁才天や吉祥天**　美しい天女の姿をしている。弁才天は学芸と蓄財の神。吉祥天は福徳を与える神。

美徳成就・女性守護の御神徳をもつ神社

美御前社《うつくしごぜんしゃ》（八坂神社・末社）

創建時期は不詳だが、17世紀初頭以前から存在。現在、祇園《ぎおん》の芸子さんや化粧品関係者からも信仰を集めている。

美容水をつけると、肌の健康はもとより、心から美しく磨かれるという。

河合神社（下鴨神社・摂社）

神武《じんむ》天皇の御代に創始されたとされる。安産・育児・長寿などの神様ともいわれる。

河合神社の鏡絵馬

表面に自分の理想とする表情を描き、裏面に願文と自分の名前を記す。できたら、鏡に自分の姿を映しながら祈願を行なう。その後、絵馬所に奉納。

57

ここ一番の勝負の時に頼れる神社は、どこ？

――鹿島神宮・香取神宮・熱田神宮・藤森神社など

ここ一番の勝負というと、スポーツや各種試験を思われるでしょうが、ビジネスシーンや恋愛の告白なども含めてもいいかと思います。そんな時に頼りになるのは――。

勝負といえば、やはり武門《ぶもん》の神でしょう。なかでも国譲りで活躍した**鹿島《かしま》神宮（茨城県鹿嶋市宮中《きゅうちゅう》）**のタケミカヅチと、**香取《かとり》神宮（千葉県香取市香取）**のフツヌシは、武芸者の崇敬を集めてきました。

宇佐《うさ》神宮（大分県宇佐市南宇佐）の八幡大神も源氏をはじめとした武士から信仰されていました。

英雄神のヤマトタケルの身を守った草薙剣《くさなぎのつるぎ》を御神体とする**熱田《あつた》神宮（名古屋市熱田区神宮）**も、頼りになる神様です。あの織田信長でさえ、桶狭《おけはざ》間《ま》の決戦の前に必勝祈願をしています。

石上《いそのかみ》神宮（奈良県天理市布留《ふる》町）も霊剣をお祀りしています。タケミカヅチの帯剣、スサノオが八岐大蛇《やまたのおろち》を退治した時の神剣、それに物部《もののべ》氏の神宝《しんぽう》であった霊剣です。

起死回生の守護神ともいわれています。

京都市伏見区深草鳥居崎町《ふかくさとりいざき》に鎮座する藤森《ふじもり》神社は、勝運・学問・馬の神社とされます。5月5日の菖蒲《しょうぶ》の節句*の発祥地とされ、節句の日に飾られる武者人形には、藤森神社の神霊が宿っているともいわれます。また、菖蒲は尚武《しょうぶ》・勝負に通じることから、勝負の神と呼ばれるそうです。

埼玉県東松山市箭弓《やきゅう》町の箭弓稲荷《いなり》神社は、その名前から野球選手・球児の信仰を集めていますが、もともとは武門の神です。矢の形をした雲を現して謀反を鎮めたと伝えられます。

また、**東京都新宿区百人町の皆中稲荷《かいちゅういなり》神社**は百発百中《ひゃっぱつひゃくちゅう》「皆中《みなあたる》の稲荷」と称されます。

用語解説

*****菖蒲の節句**　端午（たんご）の節句ともいう。この日に男子の成長を祝う。

勝運向上・武運長久の御神徳をもつ神社

鹿島神宮

創建は神武《じんむ》天皇元年とされ、関東・東北の守護神として崇敬を集めてきた。

石上《いそのかみ》神宮

崇神《すじん》天皇の御代に物部《もののべ》氏の祖が、神武天皇の霊剣・布留《ふるの》御魂大神《みたまのおおかみ》を祀ったのが始まりとされる。

藤森神社

新羅《しらぎ》遠征から帰国した神功《じんぐう》皇后が、この地に武具を納め、祭祀を行なったのが始まりとされる。

馬上で曲技を披露する例祭・駈馬《かけうま》神事には競馬業界の関係者も参加する。

著者紹介

渋谷申博（しぶや　のぶひろ）

宗教史研究家。1960年、東京都生まれ。神道・仏教などに関わる執筆活動をするかたわら、全国の社寺・聖地・聖地鉄道などのフィールドワークを続けている。近著に、『眠れなくなるほど面白い 図解 聖書』『眠れなくなるほど面白い 図解 仏教』（以上、日本文芸社）、『カラー版 神社に秘められた日本書紀の謎』（宝島社）、『一生に一度は参拝したい全国のお寺めぐり』『一生に一度は参拝したい全国の神社めぐり』（以上、ジー・ビー）などがある。

参考文献

・『神道事典』國學院大學日本文化研究所編（弘文堂）
・『すぐわかる 日本の神々』鎌田東二編（東京美術）
・『神道いろは』神社本庁教学研究所監修（神社新報社）
・『神社のいろは』神社本庁監修（扶桑社）

写真提供

渋谷申博／国立国会図書館／PIXTA

眠《ねむ》れなくなるほど面白《おもしろ》い

図解《ずかい》 神道《しんとう》

2020年 5 月10日　第 1 刷発行
2024年 7 月10日　第 9 刷発行

著　者　渋谷申博《しぶやのぶひろ》
発行者　竹村　響
印刷所　図書印刷株式会社
製本所　図書印刷株式会社
発行所　株式会社日本文芸社
〒100-0003 東京都千代田区一ツ橋 1-1-1　パレスサイドビル 8F
URL https://www.nihonbungeisha.co.jp/

Printed in Japan 112200421-112240626 Ⓝ 09　(300033)
ISBN978-4-537-21797-1
編集担当・水波 康

乱丁・落丁などの不良品、内容に関するお問い合わせは
小社ウェブサイトお問い合わせフォームまでお願いいたします。
ウェブサイト　https://www.nihonbungeisha.co.jp/